Julia Tzschätzsch

111 Orte für Kinder in Frankfurt, die man gesehen haben muss

emons:

Bibliografische Information der Deutschen Nationalbibliothek
Die Deutsche Nationalbibliothek verzeichnet diese Publikation
in der Deutschen Nationalbibliografie; detaillierte bibliografische
Daten sind im Internet über http://dnb.d-nb.de abrufbar.

© Emons Verlag GmbH
Alle Rechte vorbehalten
© der Fotografien: Julia Tzschätzsch, außer: Ort 56: © Schirn Kunsthalle
Frankfurt, Foto Norbert Miguletz; Ort 92: ©MyZeil
© Covermotiv: shutterstock.com/gowithstock; travelview;
Dionisvera; Vadym Zaitsev; Ton Bangkeaw
Layout: Editorial Design & Artdirection, Conny Laue, Bochum,
nach einem Konzept von Lübbeke | Naumann | Thoben und Nina Schäfer
Kartografie: altancicek.design, www.altancicek.de
Kartenbasisinformationen aus Openstreetmap,
© OpenStreetMap-Mitwirkende, ODbL
Druck und Bindung: CPI – Clausen & Bosse, Leck
Printed in Germany 2019
ISBN 978-3-7408-0686-6
Originalausgabe

Unser Newsletter informiert Sie
regelmäßig über Neues von emons:
Kostenlos bestellen unter
www.emons-verlag.de

VORWORT

Sonntagmorgen an einem vollgekrümelten Frühstückstisch irgendwo in Frankfurt. Angebissene Brötchen auf honigbeschmierten Tellern lassen ahnen, dass hier eben noch Kinder saßen. Weil wie immer viel zu schnell satt, sind sie natürlich schon aufgesprungen und toben nun kreischend durch die Wohnung. Die Eltern, noch leichte Ringe um die Augen, schenken sich eine zweite Tasse Kaffee ein. Die Hoffnung, diese noch in Ruhe genießen zu können, erledigt sich schnell. Schon schallt es herüber: »Mamaaaa, Papaaaa, was machen wir heute?«

Kinder wollen toben, staunen, entdecken, lachen und laut sein. Geht das in einer Stadt wie Frankfurt, der »Mainmetropole« mit 750.000 Einwohnern, bei der man zuallererst an die glitzernde Skyline denkt, an reiche Banker in schicken Autos? Aber logisch! Frankfurt hat so tolle Kinder-Plätze, dass Eltern von außerhalb glatt neidisch werden könnten.

Wo sonst in Deutschland gibt es eine weiße Araberstute, die täglich allein durch ihren Stadtteil spaziert, die kleine Kinder liebt und die man streicheln darf? Wo sonst gibt es Bäume, die pinkeln können, knallrote Spielraketen von neun Metern Höhe, Ampeln mit verliebten Menschen drauf? Wo sonst kann man sich von einer Gottesanbeterin angreifen lassen, darf man allein mit seinen Freunden ins Fußballstadion, traut man sich, einen ziemlich behaarten Schweinebauch zu kraulen? Wo sonst dürfen Kinder unter 15 Jahren kostenlos in alle Schwimmbäder der Stadt? Eben!

Frankfurt bietet Kindern und Jugendlichen unfassbar viel – dieses Buch liefert 111 Beweise dafür. Gleichzeitig sind es 111 Motivationsspritzen für Eltern: Es lohnt sich wie Bolle, den Schweinehund zu überwinden, die Kinder anzuziehen, die Verpflegungs-Taschen zu packen und gemeinsam loszuziehen. Wenn man erst mal da ist, sind alle begeistert. Und so garantiert dieses Buch 111 Mal das größte Lob, das man von Kindern kriegen kann. Wenn es abends nämlich heißt: »Mamaaaa, Papaaaa. Können wir da morgen noch mal hin?«

111 ORTE

1 — Die Apfelbaum-Parade
Schnapp dir diese Köstlichkeit! | 10

2 — Der Badesee mit Karpfen
Finger rein und ansaugen lassen | 12

3 — Die Bahn aus der Erde
Die witzigste Haltestelle der Stadt | 14

4 — Das Bastelparadies
Kleine Künstler, große Augen | 16

5 — Die baumelnden Turnschuhe
Wie sind die nur da hochgekommen? | 18

6 — Bei Bembelina
Hier kommt Hello Kitty ganz groß raus | 20

7 — Ein Besuch im Stadion
Und schon bist du ein Eintracht-Star | 22

8 — Das Bienenhaus
Hier entsteht Honig – lecker! | 24

9 — Das Blumenfeld
Pflück dir deinen Lieblingsstrauß | 26

10 — Das Cornflakes Café
Frühstück mit Peppa Wutz | 28

11 — Der Dino davor
Keine Angst, der ist nur aus Plastik | 30

12 — Die Dippemess im Standby
Ein Besuch außerhalb der Öffnungszeiten | 32

13 — Der Dottenfelder Bauernhof
Oh wie süß sind diese Kälbchen! | 34

14 — Das Dreh-Dingsbums
Gemeinsam seid ihr stark im Rothschildpark | 36

15 — Die Düne in der Stadt
Strandurlaub vor der Haustür | 38

16 — Der Eier-Automat
Triff das Huhn dazu | 40

17 — Der Eiserne Steg
Wer findet das lustigste Liebesschloss? | 42

18 — Die Eismaschine
Waffel rein, Softeis raus | 44

19 __ Die Entdeckungstour
Frösche, Pferde, Eicheln sammeln | 46

20 __ Das Erdbeer-Pflück-Feld
Mit Futter-Pause auf Stroh | 48

21 __ Die Family Playdates
Spieltreffen mit geflüchteten Kindern | 50

22 __ Das Faxen-Denkmal
Zunge gaaaanz weit raus, bitte! | 52

23 __ Der Felsen mit den Nutrias
Auge in Auge mit dem putzigen Nagetier | 54

24 __ Die Flitz-Wiese
Super viel Auslauf für kleine Raser | 56

25 __ Fritz das Rettungsboot
Allzeit bereit, über den Main zu flitzen | 58

26 __ Das Frühstücks-Schiff
Danach gibt's Theater | 60

27 __ Der Fußball-Balkon
Wo eure Stars sich feiern lassen | 62

28 __ Ganz vorne in der U3
Fühl dich wie ein U-Bahn-Schaffner | 64

29 __ Die Gärtnerei Anja Rappelt
Der kleine rote Traktor | 66

30 __ Ginos Café & Mezze
Der versteckte Indoor-Spielplatz | 68

31 __ Das goldene Grüngürteltier
Findet garantiert nicht jeder | 70

32 __ Der Green-Screen
Angriff der Gottesanbeterin | 72

33 __ Die Grüne-Soße-Straße
Hmmmmm, ist das lecker! | 74

34 __ Das Grusel-Kabinett
Die schrecklichsten Fratzen der Stadt | 76

35 __ Die Hängebrücke
Darunter summt und brummt es | 78

36 __ Die höchste Wackelbrücke
Herrliches Scheppern auf 880 Metern | 80

37 __ Am Höchster Wehr
Muscheln sammeln wie im Ostsee-Urlaub | 82

38 __ hr3
Spiel doch mal Radiomoderator | 84

39 — Die Hügel im Grüneburgpark
Auf den Hintern, fertig, los! | 86

40 — Die ICE-Brücke
Achtung, da kommt wieder einer! | 88

41 — Jennys Spazierstrecke
Das freilaufende Pferd von Fechenheim | 90

42 — Der Kätcheslachpark
Rote Fische und quakende Frösche | 92

43 — Die Kinderwerkstatt
Die hammerschnelle Luftpost | 94

44 — Die Klettereier an der EZB
Der perfekte Blick auf die Skater-Anlage | 96

45 — Das Königsbrünnchen
Nase zu und rein mit euch | 98

46 — Die kunterbunte Straßenbahn
Brezeln-Knabbern und durch Frankfurt tuckern | 100

47 — Das Kürbisfeld
Wer findet den dicksten? | 102

48 — Die Legobaustelle
Komm und bau mit! | 104

49 — Die Leseratten-Sitzsäcke
Buch schnappen und chillen | 106

50 — Die Liebes-Ampel
Verliebte Männer, verliebte Frauen | 108

51 — Die lustigen Hochsitze
Endlich mal größer als Erwachsene! | 110

52 — Das MainÄppelHaus
Ein Paradies für kleine Naturfreunde | 112

53 — Der Matschspielplatz
Wasser marsch auf Knopfdruck | 114

54 — Die Mega-Seifenblase
Und ihr mittendrin | 116

55 — Der Mini-Bahnhof
Die Vitrine zum Nase-Plattdrücken | 118

56 — Die Mini-Schirn
Weil nur Bilder gucken langweilig ist | 120

57 — Der Mitmach-Zirkus
Einradfahren mit Clownsnase | 122

58 — Mr. Wash
Du in der Autowaschanlage | 124

59 — Die neongrüne Drehscheibe
Drehwurm im Holzhausen-Park | 126

60 — Die neue alte Stadt
An jeder Ecke etwas zum Staunen | 128

61 — Der Niddastrand
Buddeln und Pferde gucken | 130

62 — Der Opernplatz-Brunnen
Ahoi, kleine Seefahrer! | 132

63 — Die Orangerie
Der schönste Kleinkind-Treff der Stadt | 134

64 — Der Palmen-Express
Eine blumige Fahrt mit der süßen Eisenbahn | 136

65 — Die Pilztour
Achtung, nicht verwechseln! | 138

66 — Der Pinkelbaum
Eine Konfirmandenblase ist nichts dagegen | 140

67 — Das Piratenboot
Am Steuer ein Drache | 142

68 — Das Popcorn im Mini-Kino
Da kommen selbst die Kleinsten ran | 144

69 — Die Popo-Klatscher-Rutsche
Nur für Hartgesottene! | 146

70 — Der Quatsch-Foto-Automat
Mach dir deine Haare schön! | 148

71 — Der Radweg mit Riesen-Raupe
… und anderen Phantasie-Gestalten | 150

72 — Die Riesen-Schneekugel
Frankfurt in klein und wunderschön | 152

73 — Das riesige Klettergerüst
Wer zuerst unten ist, hat gewonnen! | 154

74 — Die Robben-Höhle
Hallo, Zwergseebär! | 156

75 — Der Safari-Radweg
Von Zoo zu Zoo | 158

76 — Die Salzheilgrotte
Ein Spielzimmer für kleine Rotznasen | 160

77 — Der schönste Radweg
… startet in Frankfurt | 162

78 — Die Schwarzlichthelden
Die beißen aber nicht! | 164

79 __ Der Selber-füttern-Zoo
   Ausflug nach Offenbach – ausnahmsweise | 166

80 __ Die sieben grünen Häuschen
   Das Denkmal, das selbst Kinder fasziniert | 168

81 __ Die Sindlinger Glückswiese
   Einmal Schweinebauch kraulen, bitte! | 170

82 __ Der Spielpark Louisa
   Place-to-be an heißen Sommertagen | 172

83 __ Der Spielplatz aus Stroh
   Tauch ab in der Mais-Sandkiste | 174

84 __ Die Spielrakete
   Ein Kletterparcours zum Abheben | 176

85 __ Der Springbrunnen-Platz
   Gleich spritzt es von der anderen Seite! | 178

86 __ Das Stadtwaldhaus
   Hier gibt's Glipschiges zum Anfassen | 180

87 __ Die Staustufe Griesheim
   Riesige Tanker direkt vor deiner Nase | 182

88 __ Die Stoffelchenwiese
   Augen auf, Mund auch | 184

89 __ Die Straße nur für Kinder
   Und noch eine Runde durch den Wald | 186

90 __ Die Strohburg mit Aussicht
   Und hinter dir ein riesiges Maislabyrinth | 188

91 __ Der Struwwelpeter-Baum
   Sieh einmal, hier steht er! | 190

92 __ Die superlange Rolltreppe
   42 Meter in 99 Sekunden | 192

93 __ Die Supermarkt-Spielautos
   Kurven durch die Obstabteilung | 194

94 __ Der Swimmingpool
   Hässliche Gullydeckel schön gemacht | 196

95 __ Die Tannenwald-Skatebahn
   Ein wildes Auf und Ab | 198

96 __ Die Teller-Schmiede
   Mal dir dein Lieblings-Geschirr | 200

97 __ Die Tipi-Zelte im Oberwald
   Trau dich rein und nimm Platz! | 202

98 __ Die Töpferwerkstatt
   Kneten macht glücklich | 204

99 __ Das U-Boot-Klo
Sitzung mit Unterwasser-Guckloch | 206

100 __ Die uralte Landebahn
Freie Fahrt für dich und dein Rad | 208

101 __ Das versteckte Spielzimmer
Rein ins Bällebad! | 210

102 __ Das Waldschwimmbad
Plansch dich glücklich! | 212

103 __ Der Wasserfall
Eiskalter Spaß für Klein und Groß | 214

104 __ Der Wasserpfad
Kurbeln, bis es spritzt | 216

105 __ Die winzigen Ponys
Dein Laufrad ist größer | 218

106 __ Die Woooow-Landebahn
Flugzeuge direkt über deinem Kopf | 220

107 __ Der YuanFa Asia Markt
Hier macht alles winke, winke | 222

108 __ Der Zauberwald in Bonames
Toben und Klettern so was von erlaubt! | 224

109 __ Das Zebulon
Das einzig wahre Spiel-Café | 226

110 __ Der Zeltplatz am See
Sonnenuntergang direkt vor der Nase | 228

111 __ Das Zuhause der Cityghosts
Geister-Party auf der Berger Straße | 230

1_DIE APFELBAUM-PARADE

Schnapp dir diese Köstlichkeit!

In Frankfurt-Nieder-Erlenbach, am nordöstlichsten Zipfel der Stadt, steht das Apfelbaum-Paradies: der Obsthof am Steinberg. Hier gibt es ganze Alleen von Bäumen mit über 200 unterschiedlichen Apfelsorten. Herrlich zum Toben, zum Pflücken und Probieren! Bevor die Äpfel richtig groß sind, darf sogar auf den Bäumen geklettert werden.

Ein besonderes Highlight ist der Garten der Anlage, natürlich umringt von Apfelbäumen: Während die Eltern den hausgemachten Apfelwein oder Apfelsaft genießen, robben die Kids auf Traktor-Bobbycars durchs Gelände oder kraxeln auf dem kleinen Spielplatz das Klettergerüst nach oben. Zahlreiche Bierbänke stehen bereit, viele Familien bringen aber auch eine Picknickdecke mit. So ist selbst an beliebten Spätsommertagen der Sitzplatz garantiert, Eltern können die Beine lang machen und die ganz Kleinen kullern und strampeln – mit Blick in die Apfelbaumkrone.

Toll: In regelmäßigen Abständen finden auf dem Obsthof Veranstaltungen mit Livemusik statt. Dazu gehört zum Beispiel das Kelterfest: Hier heißt es, selbst mit anpacken und Äpfel pflücken oder vom Boden aufsammeln. Alles ist hier bio! Für Kids ein Riesenspaß, ihre eigenen Früchte auszuwählen und den gefüllten Korb voller Stolz zu präsentieren. Für Kids unter fünf Jahren sind manche Events kostenfrei – dazu gehört zum Beispiel die beliebte Fackelwanderung. Ein Blick auf die Homepage lohnt sich.

TIPP: Bei Wolkenbruch: Der nächste Indoor-Spielplatz »Das Tollhaus« ist nur 2,5 Kilometer entfernt (www.dastollhaus.de).

Adresse Obsthof am Steinberg, Am Steinberg 24, 60437 Frankfurt-Nieder-Erlenbach // **ÖPNV** U 2, U 8, U 9, Haltestelle Nieder-Eschbach, im Anschluss Bus 29, Haltestelle Schule Nieder-Erlenbach und etwa 15 Minuten zu Fuß (etwas bergauf) // **Anfahrt** einfacher geht es über die A 661 und B 3 Richtung Friedberg/Bad Vilbel // **Öffnungszeiten** Schoppenwirtschaft nach Ostern – Okt. Do, Fr 15 – 22 Uhr, Sa, So 11 – 22 Uhr, Nov. – Ostern Sa 11 – 20 Uhr, So 11 – 18 Uhr, an Aktionstagen unter www.obsthof-am-steinberg.de // Für alle Altersklassen geeignet.

2_DER BADESEE MIT KARPFEN

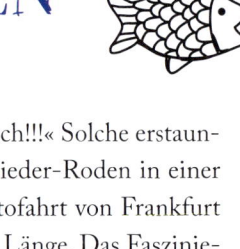

Finger rein und ansaugen lassen

»Huuuuuch, da kommt ja ein riesengroßer Fisch!!!« Solche erstaunten Rufe hört man im Strandbad Rodgau Nieder-Roden in einer Tour. In dem Badesee, etwa 30 Minuten Autofahrt von Frankfurt entfernt, leben Karpfen von fast einem Meter Länge. Das Faszinierende: Die Fische kommen ganz nah an die Badegäste heran. Kaum steht man im flachen Nichtschwimmerbereich, erscheinen ihre glitschigen Rücken an der Wasseroberfläche.

Wer sich traut, kann die Fische vorsichtig berühren. Wem das nicht geheuer ist, keine Sorge: Nach einer kleinen Runde drehen die Karpfen ganz entspannt wieder ab und lassen sich selbst dann nicht aus der Ruhe bringen, wenn sie (was natürlich NICHT sein soll) nass gespritzt oder mit Sand beworfen werden.

Ein weiteres Highlight für die Kids: Es gibt eine Wasserstraße mit Schleusen, Sprühanlagen, Kurbeln und Wasserbecken. Hier spielen kleine und größere Kinder gern über Stunden, patschen, gießen und buddeln mit ihren Schaufeln und Eimerchen im feinen Sandstrand. Wer schon schwimmen kann, sollte auf jeden Fall einen Abstecher zur schwimmenden Wasserrutsche machen.

Die Anlage wird vom DLRG überwacht und hat einen separaten FKK-Bereich. Sie ist gepflegt und sauber, auf den Liegewiesen sind Schattenplätze jedoch rar. An besonders heißen Tagen liegen die Handtücher dicht an dicht. Viele Eltern stört das weniger – weil sie eh die ganze Zeit mit ihren Kindern im Strandbad unterwegs sind. Allen anderen empfehlen wir, einen Sonnenschutz mitzubringen.

TIPP: Auf dem Rückweg nach Frankfurt mit dem Auto die B 459 nehmen und den Strandtag im »DRIVE IN Autokino Frankfurt-Gravenbruch« beenden. Top Familienprogramm!

Adresse Strandbad Rodgau, Rodgau-Ring-Straße, 63110 Rodgau // **ÖPNV** S 1, Haltestelle Rodgau-Nieder-Roden Bahnhof, dann Bus OF-41, Haltestelle Rodgau-Nieder-Roden Chemnitzer Straße // **Anfahrt** einfacher geht es über die B 459 oder A 3 und B 45, ins Navi »Seestraße 56« eingeben // **Öffnungszeiten** täglich 8 – 20 Uhr, die Saison endet meist Mitte Sept. // Für alle Altersklassen geeignet.

3_DIE BAHN AUS DER ERDE

Die witzigste Haltestelle der Stadt

Hat sich da jemand verfahren? Ist mit seiner U-Bahn nach oben gerast, hat den Bürgersteig durchbrochen und ist dann stecken geblieben? Zumindest sieht es an der Bockenheimer Warte so aus, der Eingang zur U-Bahn-Haltestelle ist ein schräg liegender Waggon, beim Durchbrechen des Asphalts hat er zahlreiche Pflastersteine umgeworfen.

Dieser U-Bahn-Unfall ist natürlich nicht wirklich passiert, es ist ein Kunstobjekt aus den 80er Jahren. Ein Professor für Kultur hat die witzige Haltestelle entworfen, die Tram stammt aus London. Jeder Fußgänger, der hier das erste Mal vorbeiläuft, hält automatisch an und schaut sich den kreativen U-Bahn-Eingang an. Kinder nutzen sie hin und wieder auch als Klettergerüst. Mit entsprechender Sicherung durch die Eltern entsteht ein lustiges Fotomotiv: Die Kids auf der Straßenbahn, die aus der Erde kam.

Auch im Inneren unterscheidet sich die Bockenheimer Warte von anderen U-Bahn-Haltestellen. Nix mit grau und langweilig! An den Gleisen hängen riesige Poster mit den schönsten und buntesten Exponaten des Senckenbergmuseums. Das liegt hier um die Ecke und wurde zum 200. Geburtstag als Untertitel mit in den Namen der U-Bahn-Haltestelle aufgenommen. Zu sehen sind Naturaufnahmen in den knalligsten Farben, Kragenechsen, Schlangen und andere Reptilien blinzeln einen an. Kids lieben es, sich auf die Wartebank in der U-Bahn-Station zu setzen und die Bilder zu bestaunen. Fast schade, dass bald die Bahn kommt und man wieder wegfahren muss.

Adresse U-Bahn-Haltestelle Bockenheimer Warte, 60325 Frankfurt-Bockenheim // ÖPNV U 4, U 6, U 7; Straßenbahn 16; Bus 32, 36, 50, 75, Haltestelle Bockenheimer Warte // Angucken geht mit Kids aller Altersklassen.

4_DAS BASTELPARADIES

Kleine Künstler, große Augen

Kleine Augen, in denen schwarze Pupillen wackeln, selbstklebende, bunte Buchstaben, glitzernde Schmetterlinge. Beim »Non-Food-Discounter« Tedi gibt es alles, was für Kinder zu einem perfekten Bastel-Nachmittag dazugehört. Und das für wenig Geld. Kein Wunder, dass sogar Kindergärten von hier ihr Bastelsortiment beziehen.

Auf den ersten Blick vermutet man gar nicht, dass sich in den insgesamt 13 Filialen in Frankfurt eine so riesige Auswahl an Pappen, Scheren und Stiften befindet. In der Auslage vor den Geschäften liegen meist Dinge, die vor allem Erwachsene interessieren: Wäschekörbe, Kissen, Deko für die Wohnung. Wer mit Kindern unterwegs ist, sollte aber auch einen Blick ins Ladeninnere werfen. Vor dem Regal mit den unzähligen Bastel-Accessoires kommen die Kids aus dem Staunen gar nicht mehr heraus und brauchen gern mal zehn Minuten, um sich für ihre Lieblings-Tütchen zu entscheiden (Tipp: Am besten VOR dem Betreten des Geschäftes auf eine gewisse Anzahl einigen). Praktischerweise gibt es auch jede Menge kleine Aufbewahrungsboxen, sodass die kleinen Teilchen zu Hause nicht gleich überall verteilt auf dem Boden landen, sondern gut verstaut sind.

Neben dem Bastelsortiment ist für Kinder auch das Partyzubehör interessant: Luftballons in allen Größen und Farben, Papier-Girlanden, Becher und Teller. Der nächste Kindergeburtstag kommt bestimmt!

> **TIPP:** Im Anschluss eine Wurst in der Traditions-Metzgerei Gref-Völsing essen oder mitnehmen (Hanauer Landstraße 132, zwei Straßenbahn-Haltestellen weiter) und dann den Bastel-Nachmittag starten.

Adresse Tedi, Hanauer Landstraße 60, 60314 Frankfurt-Ostend und viele Filialen mehr, siehe www.tedi.com // **ÖPNV** S 1, 2, 3, 4, 5, 6, 8, 9, Straßenbahn 11, 12, 14, 18, Haltestelle Ostendstraße // **Öffnungszeiten** Mo–Sa 9–20 Uhr // Für Kinder ab drei Jahren.

5_ DIE BAUMELNDEN TURNSCHUHE

Wie sind die nur da hochgekommen?

Bei einem Besuch in Frankfurt-Nied recken Kinder ihre Hälse, zeigen in die Luft. Dort, wo die Straße Alt-Nied die Nidda überquert, hängt ein ergrautes Paar Turnschuhe in etwa 20 Metern Höhe an einem Stromkabel. »Vielleicht hat jemand die Schuhe hochgeschmissen, und sie sind dann aus Versehen hängen geblieben«, mutmaßt der fünfjährige Jamil, der mit seiner Tante hier zum ersten Mal einen Ausflug macht.

Das Rätselraten um die Turnschuhe hat meist ein schnelles Ende, wenn eine sogenannte Nutria vorbeigeschwommen kommt. Die pelzigen Tierchen werden oft mit Ottern oder Bibern verwechselt, sorgen aber in jedem Fall für Verzückung. Sie stammen ursprünglich aus Südamerika und haben sich vor einigen Jahren rund um die Nidda eingenistet. Immer wieder putzig zu sehen!

Dicht am Fluss liegt ein ausgebauter Rad- und Wanderweg. Er führt an einem schönen Platz mit Tischtennisplatte, Basketballkorb und kleinem Spielplatz vorbei zur Wörthspitze, die zum Stadtteil Höchst gehört. Sie ist die grüne Insel zwischen den beiden großen Frankfurter Flüssen, dem Main im Süden, der Nidda im Norden. Es gibt also eine Garantie auf vorbeischwimmende Enten!

Toll ist auch der eingezäunte Spielplatz, mit einem großen Piratenboot zum Klettern, Schaukeln und Rutschen. Direkt daneben liegt eine große Hundewiese, viele Familien bringen ihre Vierbeiner daher gleich mit.

Adresse Niddabrücke, Alt-Nied, 65934 Frankfurt-Nied // **ÖPNV** Bus 59, Haltestelle Nied Brücke // Für alle Altersgruppen geeignet.

TIPP: In 15 Minuten erreicht man von der Wörthspitze einen richtigen Palast: den Bolongaro-Palast aus dem 18. Jahrhundert. Der ist so schön, dass viele Frankfurter Paare hier heiraten.

6_BEI BEMBELINA

Hier kommt Hello Kitty ganz groß raus

Wie heißt die Kanne mit dem dicken Bauch, aus der Erwachsene so gern ihr »Stöffsche« trinken? Blöde Frage: Bembel! Das weiß in Frankfurt doch jedes Kind! Graue Farbe, blaue Muster – so wird er in jeder Apfelweinkneipe schwungvoll an den Tisch gebracht, so steht er bei vielen Frankfurter Familien zur Zierde im Regal.

In der Töpferei Maurer im Stadtteil Sachsenhausen können Kinder sehen, wo diese Bembel herkommen. Monika Maurer führt seit über 40 Jahren ihre Bembel-Töpferei in der Wallstraße, macht auch heute noch alles von Hand. Ihr Bembel-Laden ist Kult und beliebt, daher trägt sie auch den putzigen Spitznamen Bembelina.

Ihr Lädchen ist nicht groß, dafür prall gefüllt mit Bembeln in allen Ausführungen (Obacht beim Umdrehen!). Bembel so groß wie Stehvasen oder so winzig klein, dass man sie an seinen Schlüsselbund hängen kann. Einige sind mit Äpfeln verziert, andere mit Hello-Kitty-Figuren, dem Eintracht-Adler oder lustigen Sprüchen: »Make Sachsenhausen great again« wäre so einer, aber auch seinen persönlichen Bembel kann man sich von Monika Maurer gestalten lassen.

Bembelina ist sehr kinderfreundlich – kleine Bembel mit Schönheitsfehlern verschenkt sie gern an ihre kleinsten Besucher. Und wenn man ganz viel Glück hat, erwischt man sie sogar beim Akkordeon-Spielen, neben dem Bembel-Töpfern ihre zweite große Leidenschaft.

Adresse Töpferei Maurer, Wallstraße 5, 60594 Frankfurt-Sachsenhausen // **ÖPNV** Bus 30, 36, Haltestelle Affentorplatz (direkt davor); S 3 – S 6, Straßenbahn 14, 15, 16, 18, Haltestelle Lokalbahnhof (und etwa 10 Kinderfußminuten) // **Öffnungszeiten** Mo – Fr 9 – 18 Uhr, Sa 9 – 13 Uhr // Weil viel Keramik um einen herum ist: Für Kids ab circa vier Jahren.

TIPP: Direkt gegenüber im Restaurant Gioia gibt es eine tolle Kinderkarte. Kinder bekommen nach dem Bestellen etwas zum Ausmalen und nach dem Essen ein kleines Geschenk.

7 _ EIN BESUCH IM STADION

Und schon bist du ein Eintracht-Star

Hier fühlen sich die Kids wie richtige Fußballprofis. Sie dürfen in dem Raum sitzen, in dem Trainer und Spieler Fernsehinterviews geben. Sie betreten die Eintracht-Umkleidekabine, in der nach den Spielen Schweiß und Tränen fließen, und sie laufen begleitet von lauten Fangesängen ins Stadion ein. Ist alles mit drin, wenn man im Eintracht-Museum Kindergeburtstag feiert.

Nebst Verpflegung und kleiner Museumskunde, in der die größten Schätze des Vereins gezeigt werden, durchlaufen die Kids einen Parcours, der dem ihrer Fußballhelden ähnelt. So versammeln sich beispielsweise alle drinnen vor der schweren Stadiontür, vom Band wird der Publikumsjubel eingespielt. Ein Mitarbeiter spielt einen Reporter, interviewt die Kids mit klassischen Fußballfragen: »Wie wollt ihr euren Gegner bezwingen?«

Ein Wahnsinnsgefühl, wenn sich die schwarze Tür öffnet und die Geburtstagstruppe die Treppe hoch Richtung Feld laufen darf. Was ein Anblick, ganz allein im Stadion zu sein! Die Ränge sind leer, der Rasen perfekt gestutzt. Zurück im Museum kommen die Kids beim anschließenden Würstchen-Futtern aus dem aufgeregten Schnattern gar nicht mehr heraus.

Begleitende Papas sind von den Eintracht-Kindergeburtstagen oft so begeistert, dass sie ihren eigenen ebenfalls hier feiern möchten (das geht auch, mit leicht abgewandeltem Programm versteht sich).

Adresse Eintracht Frankfurt Museum in der Commerzbank-Arena, Mörfelder Landstraße 362, 60528 Frankfurt // **ÖPNV** Straßenbahn 20, 21, Haltestelle Stadion und etwa 15 Minuten zu Fuß; oder Bus 61, Haltestelle Stadionbad und etwa 10 Minuten zu Fuß // **Öffnungszeiten** Museum Di – So 10 – 18 Uhr, an Heimspieltagen gibt es Ausnahmen, siehe www.eintracht-frankfurt-museum.de // Je nach Fußball-Leidenschaft für Kinder ab circa sechs Jahren.

8_DAS BIENENHAUS

Hier entsteht Honig – lecker!

Auf den ersten Blick wirkt es unscheinbar, das kleine Holzhaus am Niederräder Mainufer. Doch wer innehält und ganz leise ist, kann es summen und brummen hören. In dem braunen Häuschen leben sieben Bienenvölker, Hunderttausende fleißige Honigbienen fliegen ständig ein und aus. Jedes Volk hat seinen eigenen Eingang, einen »Bienen-Schlitz« in Blau, Orange, Gelb oder Grün.

Bei einem Besuch kommen Kinder ganz dicht an diese faszinierenden und nützlichen Insekten heran. Es gibt eine Führung über das Gelände, bei der die kleinen Besucher lernen, warum ein Leben ohne Bienen für uns Menschen nicht möglich wäre. Nicht selten kommt eine Biene dicht an der Gruppe vorbeigeflogen oder landet auf dem Tisch vor ihnen. Warum kommt sie nicht weiter? Die Kinder bekommen erklärt, dass die Biene mit Pollen überladen ist. Und tatsächlich, beim genauen Hinsehen entdecken sie die kleine gelbe Kugel zwischen ihren Vorderbeinen und jede Menge Pollenstaub an den Fühlern. Da waren die Augen offensichtlich größer als die Bienen-Kraft! Es sind diese kleinen Aha-Erlebnisse, die einen Besuch im Niederräder Bienenhaus einzigartig machen.

Ins Haus hineingucken ist, unter Aufsicht, auch erlaubt – schon das Anziehen der weißen Imkerkleidung mit Hut und Schleppe ist für Kids ein Erlebnis! Wow! So viele Bienen krabbeln im Haus herum, und die klebrige Masse zwischen den Waben sieht schon richtig nach Honig aus – der wird im Gebäude nebenan in kleine Töpfchen abgefüllt. Probieren gehört zu einem Besuch natürlich dazu.

Adresse Stadtbienenhaus, Niederräder Ufer 2, 60528 Frankfurt-Niederrad // **ÖPNV** Straßenbahn 12, 15, 19, 21, Haltestelle Heinrich-Hoffmann-Straße/Blutspendedienst und etwa 10 Minuten zu Fuß // **Öffnungszeiten** Anmeldungen unter www.lilu-frankfurt.de // Das Bienenhaus ist frühestens für Kids ab sechs Jahren, das Lilu nebenan ist für alle Altersgruppen geeignet.

9_DAS BLUMENFELD

Pflück dir deinen Lieblingsstrauß

Blumen sind doch etwas Feines. Kleine Kinder lieben es, der Mama ein Sträußchen Gänseblumen zu pflücken. Auch die größeren sind mit Enthusiasmus dabei, Tulpen aus dem Supermarkt auszupacken und in eine Vase zu stellen.

Ein Besuch auf dem Selber-Pflück-Feld in Oberursel-Oberstedten, etwa zehn Autominuten vom Norden Frankfurts entfernt, toppt diese gut gemeinten Gesten um einiges. Hier wachsen die schönsten und buntesten Blumen weit und breit. Lilien, Narzissen, Sonnenblumen – über 30 Sorten warten darauf, von den Kids gepflückt oder mit einem bereitliegenden Messer vorsichtig abgeschnitten zu werden. Von Kinderhand entstehen die schönsten Sträuße, an deren Anblick man sich noch viele Tage erfreuen kann.

Kinder sind hin und weg davon, von Blume zu Blume zu laufen und sich ihre Lieblinge auszusuchen. Zwischen den Blumenbeeten wächst Gras, es wird von den Besitzern des Feldes eingesät und den ganzen Sommer hindurch erneuert. So entstehen keine allzu großen Matschkuhlen, in denen Kinderfüße versinken könnten.

Die Bezahlung läuft auf Vertrauensbasis, ein kleines Schild am Feldrand gibt an, welche Blume wie viel kostet, der Betrag wird in eine Box geworfen. Auf dem Rückweg nach Hause freuen sich die Kids wie Bolle über ihr eigenes Werk – stoßen häufig aber ein erschrockenes »Ihhhh!« aus. Hin und wieder kommt aus den Pflanzen noch eine kleine Spinne oder ein dicker Käfer gekrochen. That's nature!

Adresse Blumenfeld Kofler, Kreuzung Bundesstraße 456/Niederstedter Straße, 61440 Oberursel // **ÖPNV** S 5, Haltestelle Oberursel Bahnhof, im Anschluss Bus 41, Haltestelle Oberursel (Taunus)-Oberstedten Hans-Mess-Straße und etwa 10 Minuten zu Fuß // **Anfahrt** besser über die A 661, das Feld ist direkt an der Niederstedter Straße mit zahlreichen Parkplätzen // **Öffnungszeiten** Blütezeit von April bis zum ersten Frost // Für Kinder ab zwei Jahren – aufgrund der Bundesstraße nebenan gut im Auge behalten.

TIPP: In zehn Fußminuten Entfernung liegt das Bowlingcenter Magic Bowl in der Hans-Mess-Straße 2c – aber besser vor dem Pflücken als danach, sonst welken die schönen Sträuße dahin.

10_ DAS CORN-FLAKES CAFÉ

Frühstück mit Peppa Wutz

Pinke Einhorn-Pops aus Asien, Peppa-Wutz-Kringel aus Großbritannien, Lightning-McQueen-Snacks aus den USA – im Cereal Culture Café in Frankfurt-Bornheim ist alles da für ein prächtiges Kinder-Frühstück! Das kunterbunte Sortiment sticht beim Betreten des kleinen Lädchens sofort ins Auge, in dem Regal hinter der Theke stehen fast 100 Packungen mit Cornflakes aus aller Welt.

Die vierjährige Romy ist zum ersten Mal hier, ihr geht es wie vielen Kindern im Cornflakes Café: Sie kann sich einfach nicht entscheiden, was reinsoll, in ihre gläserne Müsli-Schüssel. Zum Glück kann man zwei bis drei Cornflakes-Sorten miteinander mischen, und so zeigt sie erst auf die Tüte mit den Schokobällchen und dann auf die mit den Schokoflocken. Und weil es so schön aussieht, möchte sie unbedingt noch ein Topping obendrauf: zerbröselte Schokoriegel mit Karamell und Nüssen drin. Hmmmm, lecker!

Dieses Prachtwerk an schokoladiger Frühstückskunst trägt sie ganz langsam und vorsichtig auf einem kleinen Tablett zu einem der wenigen Tische im Lokal. Dort schüttet sie noch etwas Milch in ihre Wunderschüssel. Theoretisch wäre auch die Kakao-Variante möglich gewesen, aber an dieser Stelle hat Romys Mutter dann doch Einspruch erhoben. Dieser Frühstücksausflug, dessen sollte man sich vorher bewusst sein, ist also alles andere als gesund – aber für Kinder und Eltern ein außergewöhnliches Frühstückserlebnis, und: Es wird garantiert alles aufgegessen!

TIPP: Mittwochs und samstags findet in der Nähe, zwischen Uhrtürmchen und Saalburg-Straße, der Wochenmarkt Bornheim statt. Geniale Stände mit superleckerem Käse – also Kids gut festhalten und rein ins Getümmel.

Adresse Cereal Culture Café, Saalburgstraße 39, 60385 Frankfurt-Bornheim (Achtung, es gibt keine Toilette) // **ÖPNV** U4, U5, Straßenbahn 12, 18, Bus 34, 38, 43, 103, Haltestelle Bornheim Mitte // **Öffnungszeiten** Mo–Fr 8–18 Uhr, Sa, So 10–16 Uhr // Da ist nicht viel Platz: für Kinder ab drei Jahren.

11_ DER DINO DAVOR

Keine Angst, der ist nur aus Plastik

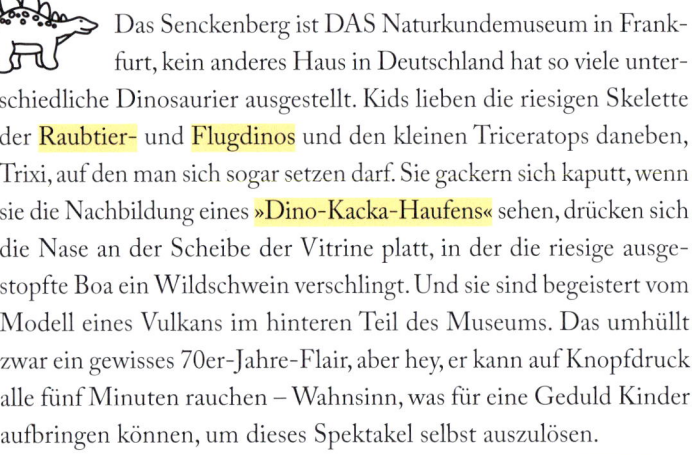

Das Senckenberg ist DAS Naturkundemuseum in Frankfurt, kein anderes Haus in Deutschland hat so viele unterschiedliche Dinosaurier ausgestellt. Kids lieben die riesigen Skelette der Raubtier- und Flugdinos und den kleinen Triceratops daneben, Trixi, auf den man sich sogar setzen darf. Sie gackern sich kaputt, wenn sie die Nachbildung eines »Dino-Kacka-Haufens« sehen, drücken sich die Nase an der Scheibe der Vitrine platt, in der die riesige ausgestopfte Boa ein Wildschwein verschlingt. Und sie sind begeistert vom Modell eines Vulkans im hinteren Teil des Museums. Das umhüllt zwar ein gewisses 70er-Jahre-Flair, aber hey, er kann auf Knopfdruck alle fünf Minuten rauchen – Wahnsinn, was für eine Geduld Kinder aufbringen können, um dieses Spektakel selbst auszulösen.

Mindestens genauso faszinierend: der sechs Meter hohe T-Rex aus Plastik, der sich VOR dem Museum befindet. Er steht auf einem Gesteinshaufen auf dem Grünstreifen in der Mitte der Senckenberganlage – das Museum und ihn trennen also eine befahrene Straße, im Frühling und Sommer erschwert außerdem das Grün der Bäume die Sicht auf diesen imposanten Dino. So manche Familie, die den direkten Weg von der U-Bahn-Haltestelle nimmt oder mit dem Auto anreist und die Augen voll auf die schwierige Parkplatz-Suche richtet, läuft Gefahr, diesen Koloss einfach zu übersehen. Dabei ist er die perfekte Fotokulisse. Kinder, die sich danebenstellen oder unter ihn setzen, sind gerade einmal so groß wie seine kräftigen Hinterbeine mit Füßen von fast einem halben Meter Länge.

> **Adresse** Senckenberganlage 25, 60325 Frankfurt-Westend, zu 90 Prozent barrierefrei, www.senckenberg.de // **ÖPNV** U 4, Haltestelle Bockenheimer Warte; Bus 75, Haltestelle Senckenbergmuseum // **Öffnungszeiten** Mo, Di, Do, Fr 9–17 Uhr, Mi 9–20 Uhr (abends sehr entspannt), Sa, So 9–18 Uhr // Das Senckenbergmuseum ist für alle Altersgruppen geeignet.

12_DIE DIPPEMESS IM STANDBY

Ein Besuch außerhalb der Öffnungszeiten

Die Dippemess kennt jedes Kind, es ist Frankfurts ältestes Volksfest und das größte im Rhein-Main-Gebiet. Zweimal im Jahr ist mehrere Wochen lang Halligalli auf dem Festplatz am Ratsweg. Das Riesenrad ist schon von Weitem zu sehen, sorgt bei der Anfahrt von der Stadtautobahn A 661 für lautes »Wooooooow, wie coooool!« auf der Rückbank.

Zwar gibt es zu beiden Messe-Zeiten, im Frühjahr und im Herbst, Familientage mit reduzierten Preisen, doch auch die hinterlassen große Lücken im elterlichen Geldbeutel. Wenn die Kids unbedingt NOCH eine Runde in der Geisterbahn fahren wollen oder man gleich mit mehreren Kindern anreist, die natürlich ALLE ins Kettenkarussell müssen.

Ein kleiner Rundgang außerhalb der Öffnungszeiten kann Portemonnaie und Nerven schonen. Die Dippemess beginnt wochentags und samstags um 14 Uhr, sonntags um 12 – an Vormittagen kann man also entspannt und ohne finanzielle Sorgen mit den Kids über das Gelände schlendern. Kein Blinken, keine laute Musik, keine ohrenbetäubenden Durchsagen – nur der Geruch von Zuckerwatte liegt in der Luft.

Die Fahrgeschäfte sind auch im Standby-Modus imposant: Der BreakDancer wird von den Schaustellern noch einmal mit Wasser abgespritzt, der Autoscooter mit Tüchern blank geputzt. Ab und zu fahren Radfahrer hier vorbei, schwarze Security-Autos rollen durchs Gelände. Und wer so richtig auf den Geschmack gekommen ist, kann ja noch mal wiederkommen.

> **TIPP:** Um die Ecke ist der Bornheimer Hang – vom Trimm-dich-Pfad dort hat man einen herrlichen Blick auf die Dippemess, auf dem Spielplatz weiter hinten kann man vom Kletterturm sogar ins FSV-Stadion gucken.

Adresse Dippemess, Festplatz am Ratsweg, 60386 Frankfurt-Bornheim // **ÖPNV** U6, U7, Straßenbahn 12, 15, Bus 38, 103, Haltestelle Eisporthalle/Festplatz // **Öffnungszeiten** Mo–Do 14–23 Uhr, Fr, Sa 14–24 Uhr, So 11–23 Uhr, Termine auf www.dippemess.de // Der Spaziergang über die bunte, aber ruhige Dippemess macht Kids jeden Alters Spaß.

13_ DER DOTTENFELDER BAUERNHOF

Oh wie süß sind diese Kälbchen!

Das Leben auf dem Bauernhof kennen die meisten Kids aus idyllischen Büchern. Eine Kuh, ein Schwein, eine Katze, der Bauer fährt mit dem Traktor gemütlich über die Felder. Wie es in einem landwirtschaftlichen Betrieb wirklich zugeht, was für ein organisatorisches Wunderwerk dahintersteckt (bei dem die Tiere trotzdem noch geschätzt werden!), erleben Kinder und Jugendliche bei einem Besuch auf dem Dottenfelder Hof nördlich von Frankfurt.

80 Milchkühe sind hier zu Hause. Jedes Tier hat einen Namen wie zum Beispiel Alma, Lina und Selma. Die Kühe bekommen Futter, das auf dem Hof hergestellt wurde, in ihrem Außenstall gibt es »Kuhbürsten«, mit denen sie sich den Rücken kratzen können.

Für besondere Verzückung sorgt bei einem Rundgang durch die offenen Ställe der Blick in die Kälbchen-Boxen. Manche sind erst wenige Tage alt, liegen verträumt im Stroh, schauen zu einem hoch – ein bewegender Moment. Gut zu wissen, dass diese Kälbchen nicht wie in anderen Betrieben von ihrer Mutter getrennt, sondern zum Trinken und Spielen immer wieder zusammengebracht werden.

Schweine, Hühner, Pferde und Schafe gibt's hier übrigens auch und ein gemütlich-wuseliges Hofcafé. Beim Kakao-Trinken knattern die Traktoren an einem vorbei – auf einem so großen Bauernhof ist richtig was los!

TIPP: Fünf Minuten Autofahrt entfernt finden von Mai bis September die »Burgfestspiele Bad Vilbel« statt, mit super Kinder-Vorführungen.

Adresse Dottenfelder Hof 1, 61118 Bad Vilbel, www.dottenfelderhof.de // **ÖPNV** S 6, Haltestelle Bad Vilbel Bahnhof, 10 Minuten zu Fuß zur Haltestelle Bad Vilbel Heinrich-Heine-Straße, dort Bus FB-62, Haltestelle Dottenfelder Hof (alle 60 Minuten) // **Anfahrt** praktischer ist die Anfahrt über die B 3 und die Büdinger Straße. Achtung: der Parkplatz zum Bauernhof kommt scharf links, viele fahren erst einmal dran vorbei // **Öffnungszeiten** Hofläden Mo–Fr 8–19 Uhr, Sa 8–18 Uhr, So und Feiertage geschlossen // Für alle Altersklassen geeignet.

14_DAS DREH-DINGSBUMS

Gemeinsam seid ihr stark im Rothschildpark

Nanu? Was dreht sich denn da? Ein Spielgerät, das den Rothschildpark im Frankfurter Westend einzigartig macht. Auf dem kleinen Spielplatz steht eine Art Karussell aus hellem Holz, das die Kinder selbst antreiben müssen. Im Idealfall passiert das in der Komplettbesetzung, also zu viert, wer aber genug Power in den Beinen hat, schafft es auch allein.

Nur einen richtigen Namen hat das Gerät nicht. »Wir nennen es das Dreh-Dingsbums«, erzählt die neunjährige Edda. Sie und ihre Freundinnen sind fast jeden Nachmittag hier und hängen sich mit großem Enthusiasmus in die »Greifarme«, um eine Runde zu drehen. Karussell fahren für lau und das umringt von Hochhäusern!

Den Rothschildpark gibt es seit gut 200 Jahren, er ist klein, aber fein, dank der weiten grünen Rasenflächen und der Bäume ist von der Großstadthektik drum herum nicht mehr viel zu spüren. Kleine Wege schlängeln sich durch den Park und sorgen dafür, dass auch Edda und ihre Freundinnen immer Neues entdecken.

So haben sie unweit des Spielplatzes das Wahrzeichen des Parks gefunden, das im Blattwerk der großen Bäume gut verborgen liegt: ein großer Turm, der zwar vor einigen Jahren erst restauriert wurde, aber immer noch uralt aussieht. Die Kinder sind sich sicher: Da oben wohnt Rapunzel, und irgendwann lässt sie auch ihr Haar herunter.

Adresse Rothschildpark, Reuterweg 14, 60323 Frankfurt-Westend // **ÖPNV** S 1–6, S 8, S 9, Haltestelle Taunusanlage; U 6, U 7, Haltestelle Alte Oper // Das Dreh-Dingsbums bedienen schafft man ab circa vier Jahren, es gibt in dem Park aber viel Schönes für alle Altersklassen.

15_DIE DÜNE IN DER STADT

Strandurlaub vor der Haustür

Eine Düne? So was gibt's doch nur am Strand oder in der Wüste! Das stimmt, ganz selten liegen diese Sandberge aber auch umgeben von Wald und Wiese, und eine solche Binnendüne gibt's im Westen Frankfurts, im Stadtteil Schwanheim. Das Naturschutzgebiet ist so riesig, dass es ein separater Stadtteil von Frankfurt sein könnte: 56 Hektar, so groß sind die Innenstadt oder das Bahnhofsviertel, fast 80 Fußballfelder freier Auslauf.

Kinder fühlen sich hier wie in einem anderen Land – wer schon mal da war, denkt sofort an Frankreich, Spanien oder Italien. Im Sommer wirkt es wie eine Steppenlandschaft, die Gräser trocken und verblichen, knorrige Kieferbäume mittendrin. Ein 400 Meter langer Bohlenweg führt durch das Gebiet – Kids lieben es, den entlangzuflitzen. Ihn nicht zu verlassen, ist Ehrensache: Die Gräser sind ultraempfindlich, manche brauchen Jahre, um wenige Zentimeter zu wachsen. Einmal draufgetreten, zerstört man 20 Jahre harte Pflanzen-Arbeit.

Die Schwanheimer Düne ist uralt, sie entstand nach der letzten Eiszeit vor gut 10.000 Jahren. Damals befand sich Sand im Flussbett des Mains. Der wurde nach und nach weggeweht, ein Berg häufte sich auf. Vor gut 150 Jahren fing der zu wandern an und blieb an der heutigen Stelle stehen. Zahlreiche Tiere haben hier ein neues Zuhause gefunden, darunter Eidechsen, Kröten, Feldhasen und Fledermäuse.

TIPP: Nach der trockenen Steppenlandschaft mal wieder ein bisschen Wasser: Mit der Fähre über den Main nach Höchst fahren – befördert nur Fußgänger und Radfahrer und ist jedes Mal ein Erlebnis!

Adresse Schwanheimer Düne, 60529 Frankfurt-Schwanheim // **ÖPNV** Bus 51, Haltestelle Schwanheimer Friedhof und etwa 15 Minuten zu Fuß // Für alle Altersklassen.

16_DER EIER-AUTOMAT
Triff das Huhn dazu

Kaum zu glauben, dass Berkersheim noch zur hektischen Großstadt Frankfurt gehört. Wer den kleinen Stadtteil im Norden besucht, fühlt sich wie auf dem Land. Drum herum Äcker und Streuobstwiesen, die Gassen sind klein und verwinkelt, es riecht nach Heu und Stroh. Bei einem Spaziergang kommt man an zahlreichen Pferdeställen vorbei, Mistgabeln lehnen an der Wand.

In dem kleinen Hof von Bauer Volker Illig steht ein zwei Meter großes Gerät, das Kinder besonders fasziniert. Ein Automat mit Hühner-Eiern drin. Geld einschmeißen, um Sachen rauszuziehen – das ist bei Kindern ja eh immer ganz groß, und in diesem Fall kann man die »Erzeugerinnen« vorher sogar noch kennenlernen. Bei der Fahrt mit dem Rad oder Auto kommt man an ihrem Gehege am Heiligenstock automatisch vorbei. Hält man an dem Gehege am Straßenrand an, flitzen sofort Dutzende braun gefiederte Hühner herbei, gackern aufgeregt, machen die typisch zuckenden Huhn-Bewegungen und schauen die Zaungäste neugierig an. Hier kann man sich mit eigenen Augen davon überzeugen, dass die Hühner fit, fidel und glücklich sind.

Einige hundert Meter weiter, in der Obergasse, liegen ihre Eier im Zehnerpack in dem großen, transparenten Automaten. Wer den Hof von Bauer Illig betritt, findet in einer kleinen Einbuchtung auch Kartoffelsäcke, Honig und Marmelade, alles – bis auf die Eier – wird auf Vertrauensbasis verkauft.

Adresse Bauer Illig, Berkersheimer Obergasse 7, 60435 Frankfurt-Berkersheim // **ÖPNV** S 6, Haltestelle Berkersheim Bahnhof und 20 Minuten zu Fuß oder Bus 39, Haltestelle Berkersheim Mitte und 5 Minuten Fußmarsch // **Anfahrt** unbedingt über Heiligenstockweg – dann kommt man an den Hühnern vorbei // **Öffnungszeiten** Eier-Automat immer geöffnet // Für alle Altersklassen.

17_ DER EISERNE STEG

Wer findet das lustigste Liebesschloss?

Von allen Brücken, die über den Main führen, sieht er am eindrucksvollsten aus: der Eiserne Steg, der seit 150 Jahren die Frankfurter oberhalb und unterhalb des Mains verbindet, von »Hibb de Bach« nach »Dribb de Bach« führt. Eine stählerne Brücke nur für Fußgänger, in Gemälden verewigt, in Liedern besungen und mit der Skyline im Hintergrund eine top Selfie-Kulisse.

Kinder sind wie magisch angezogen von den bunten Liebesschlössern, die am Geländer des Eisernen Stegs hängen – angebracht von Zehntausenden Frankfurterinnen und Frankfurtern, die zumindest zum Verewigungs-Zeitpunkt bis über beide Ohren verliebt waren. Jedes Vorhängeschloss hat eine persönliche Gravur: »Stami und Emil« ist dort beispielsweise zu lesen, verheiratet seit dem Jahr 1999, die Inschrift schon leicht verrostet. Und schon geht das große Rätselraten los: Wer waren diese zwei? Wie sah ihre Liebesgeschichte aus?

Während Erwachsene zur Akkordeonmusik der Straßenmusikanten gemütlich über den Steg schlendern und die herrliche Aussicht übers Wasser genießen, klappern die Kids ein Liebeschloss nach dem anderen ab, denken sich Geschichten aus und verfallen nicht selten in einen kleinen Wettbewerb. Wer findet das lustigste Schloss? Wer das niedlichste? Schließlich gibt es zahlreiche kreative Varianten in Form von Narwalen, Herzen und Schnullern.

Diesen Spaß sollte man sich nicht entgehen lassen – zumal die Liebeschlösser auf dem Eisernen Steg auch plötzlich weg sein könnten. Im Jahr 2016 zum Beispiel verschwanden 5.000 von ihnen über Nacht, bis heute weiß keiner, wer sie abmontiert hat.

TIPP: Beim Bootshaus Dreyer direkt am Steg auf der Sachsenhäuser Seite kann man sich Tretboote ausleihen.

Adresse Eiserner Steg, Mainkai 39, 60311 Frankfurt-Altstadt // **ÖPNV** U 4, U 5, Haltestelle Dom/Römer; Bus 36, Haltestelle Schöne Aussicht oder von der anderen Seite Bus 46, Haltestelle Eiserner Steg // Für alle Altersklassen geeignet – die Schlösser-Suche macht Kids ab vier Jahren besonders viel Spaß.

18_ DIE EISMASCHINE

Waffel rein, Softeis raus

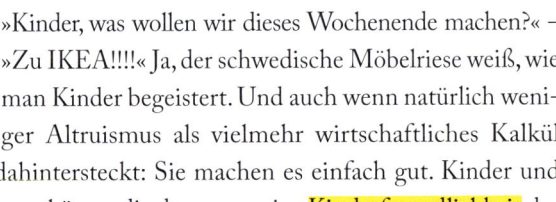

»Kinder, was wollen wir dieses Wochenende machen?« – »Zu IKEA!!!!« Ja, der schwedische Möbelriese weiß, wie man Kinder begeistert. Und auch wenn natürlich weniger Altruismus als vielmehr wirtschaftliches Kalkül dahintersteckt: Sie machen es einfach gut. Kinder und Eltern schätzen die demonstrative Kinderfreundlichkeit des Unternehmens mit kostenloser Babynahrung, dem Ausleihen von Bollerwagen oder dem betreuten Kinderparadies Småland. Hier können alle Kinder zwischen drei und zehn Jahren toben, zeichnen oder Kinderfilme gucken, während die Eltern einen entspannten Rundgang durch die Möbelausstellung machen.

Im Anschluss treffen sich alle wieder, im Restaurant mit bombastisch niedrigen Preisen für die Kindermenüs. Das absolute Highlight im Frankfurter Einrichtungshaus: die Eis-Maschine, die das Softeis direkt vor den Augen der Kinder zubereitet. Den Chip dafür kauft man an der Kasse. Sobald die Kids ihn einwerfen, geht es sekundenschnell. Die Eiswaffel fährt nach oben und wird mit kreisförmigen Bewegungen mit leckerem weißen Eis gefüllt. Was ein Hingucker!

Dass Kinder nach dem Essen nur schwer sitzen bleiben können, ist hier kein Problem: Im hinteren Bereich des Restaurants gibt es zahlreiche Beschäftigungsmöglichkeiten: eine überdimensionale digitale Tafel zum Puzzeln und Malen oder auch ein kleines Kinder-Kino. Nicht weiter verwunderlich, dass sich Eltern sogar nur zum Frühstücken bei IKEA Frankfurt treffen. Hier kommen Mamas und Papas sogar dazu, sich zu unterhalten – dank der tollen Kinder-Bespaßung.

TIPP: Gute zehn Autominuten entfernt ist das Freibad Nieder-Eschbach mit einer Rutsche, die wie eine blaue Schlange aussieht. Cool! Der Eintritt für alle unter 15 ist frei.

Adresse IKEA, Züricher Straße 7, 60437 Frankfurt-Niedereschbach // **ÖPNV** U 2, Haltestelle Frankfurt Kalbach, im Anschluss Bus 29, Haltestelle Gewerbegebiet Nieder-Eschbach // **Anfahrt** einfacher geht's über die A 661 // **Öffnungszeiten** Restaurant Mo–Do 9.30–20.30 Uhr, Fr 9.30–21.30 Uhr, Sa 9.30–20.30 Uhr // Für alle Altersklassen.

19_ DIE ENTDECKUNGS-TOUR

Frösche, Pferde, Eicheln sammeln

»Spazieren gehen?!? Wie langweilig!« Nicht selten hören Eltern diese Antwort, wenn sie versuchen, ihren Kindern einen Rundgang an der frischen Luft schmackhaft zu machen. Tipp: Das Angebot erweitern und einen Spaziergang im Frankfurter Stadtwald vorschlagen. Dort wird der Besuch zum Erlebnis.

Je nach Saison springen regelmäßig Frösche über den Weg. Mal mini-kleine, mal etwas dickere. Und, für Erwachsene schauerlich, für Kinder faszinierend: Da auf den Waldwegen Forstfahrzeuge fahren dürfen, sieht man hin und wieder auch platt gefahrene Frösche auf dem Boden. Gar nicht so einfach, die Kids da wieder wegzukriegen.

Parallel zu den Fußgängerwegen verlaufen in einigen Waldabschnitten Reiterpfade – erkennbar an einem kleinen Holzpfosten mit Hufeisen drauf. Schon gehen die Kids auf Spurensuche. War schon ein Pferd da? Sieht man noch die Hufabdrücke in der Erde? Achtung, da kommt eines! Reiter und Pferd schreiten majestätisch an den leuchtenden Kinderaugen vorbei.

Der Frankfurter Stadtwald ist einer der größten in Deutschland mit Millionen Eicheln zum Sammeln und schier endlosen Wegen, die auch optimal zum Fahrradfahren sind. Am besten plant man die Strecke so, dass man am Frankfurter Fußballstadion aus dem Wald wieder herauskommt. So erklärt sich den Kids, warum die Commerzbank-Arena früher »Waldstadion« genannt wurde.

> **TIPP:** In unmittelbarer Nähe, im Sachsenhäuser Landwehrweg 1, befindet sich der Fahrradverleih am Goetheturm.

Adresse Frankfurter Stadtwald, 60599 Frankfurt (ein schöner Start für den Spaziergang ist zum Beispiel hinter dem ehemaligen Goetheturm, wo die Verlängerung des Wendelsweges auf die Straße »Zum Goetheturm« trifft) // **ÖPNV** Bus 48, Haltestelle Goetheturm, und etwa 5 Minuten zu Fuß // Für alle Altersklassen.

20_DAS ERDBEER-PFLÜCK-FELD

Mit Futter-Pause auf Stroh

Gibt es ein Kind, das diese Frucht NICHT mag? Eben! Die Erdbeer-Saison ist für die ganze Familie ein Highlight. Für die Kids, weil sie die roten Früchte schwuppdiwupp wegfuttern, und für Eltern, weil die ewig währende Sorge nach genug Vitaminen bei den Sprösslingen für einige Zeit ad acta gelegt ist.

Noch schöner, als Erdbeeren im Supermarkt oder an einem Straßen-Büdchen zu kaufen, ist natürlich, die kleinen roten Dinger selbst zu pflücken. In Frankfurt-Seckback gibt es ein schönes Selber-Pflück-Feld mit unendlich scheinenden Reihen an Erdbeerpflanzen. Die Kids bringen ihre eigenen Körbe, Töpfe und andere Sammel-Behälter mit, lassen die am Eingang wiegen und los geht's!

Während zu Beginn noch die halb reifen, leicht grünlichen Exemplare im Korb landen, werden die Kids im Laufe der Zeit immer professioneller. Irgendwann kommt nur noch die knackigste Beere in den Topf, voller Stolz werden die gesammelten Werke präsentiert und miteinander verglichen.

Praktisch: Zwischen den Erdbeer-Reihen liegt jede Menge Stroh – herrlich, um darauf eine Pflück-Pause einzulegen, sich langzumachen und in diesem Zustand schon mal die eine oder andere Beere (pssst!) zu probieren. Sonnenschutz nicht vergessen!

Toll ist, dass der Erdbeer-Spaß mit dem Wiegen an der Kasse nicht aufhört: Jetzt geht's ab nach Hause, Erdbeer-Kuchen backen, Erdbeer-Marmelade zubereiten. Von diesem Pflück-Event zehrt die ganze Familie noch wochenlang.

TIPP: In neun Minuten Autofahrt erreicht man die Bowling World Frankfurt im Berkersheimer Weg 104 – hier kann man auch Kindergeburtstage feiern.

Adresse Erdbeerfeld Schelmenhäuser Hof Außenstelle, an der B 521 Ecke Hofhausstraße, 60389 Frankfurt-Seckbach // **ÖPNV** Bus 30, Haltestelle BGU Unfallklinik und etwa 15 Minuten zu Fuß // **Anfahrt** einfacher geht's über die Friedberger Landstraße, das Feld befindet sich vor der Unfallklinik // **Öffnungszeiten** Saisonstart unter www.schelmenhaeuserhofgut.de // Für alle Altersklassen.

21_DIE FAMILY PLAYDATES

Spieltreffen mit geflüchteten Kindern

Kawa und Leon verbringen supergern Zeit miteinander. Beide sind sechs Jahre alt und lieben es, zusammen Fußball zu spielen, Kletterwände zu besteigen und Feuerwehrmann Sam zu gucken. Doch unter normalen Umständen hätten sich die beiden Jungen nie kennengelernt.

Kawa kommt aus Syrien und ist vor einigen Jahren mit seiner Familie nach Deutschland geflüchtet. Er wohnte zuerst in einem Flüchtlingsheim im Frankfurter Stadtteil Sossenheim ohne Kontakt zu deutschen Kids. Leon hingegen ist hier geboren und lebt in einem Stadtteil auf der anderen Seite von Frankfurt.

Ihre Freundschaft verdanken die beiden der tollen Organisation »Family Playdates«. Die bringt in ihren Räumlichkeiten Familien mit und ohne Fluchthintergrund zusammen, organisiert Spieletreffen oder kulturelle Aktivitäten wie Bastelnachmittage im Museum. Die ehrenamtlichen Mitarbeiter achten darauf, dass die Familien gut zusammenpassen und aus etwa gleich vielen Kinder im ähnlichen Alter bestehen. Beim ersten Treffen sind die Organisatoren oft noch mit dabei, die anderen Playdates organisieren sich die Familien selbst.

Das klappt schon aufgrund der sprachlichen Unterschiede nicht immer problemlos, ist aber eine große Bereicherung für alle teilnehmenden Kinder und Erwachsenen und eine tolle Möglichkeit, sich trotz durchgetaktetem Familien-Alltag zu engagieren. Die Family Playdates wurden 2018 für den Deutschen Integrationspreis nominiert und 2019 von Bundeskanzlerin Angela Merkel für ihr Engagement geehrt.

Adresse Family Playdates, Falkstraße 5, 60487 Frankfurt-Bockenheim, www.family-playdates.org // **ÖPNV** U 4, Haltestelle Bockenheimer Warte // Für alle Altersklassen geeignet.

TIPP: Keine fünf Minuten Fußmarsch entfernt ist die quirlige Leipziger Straße, bei Hausnummer 83 ist das Eiscafé Gelateria La Bentivenga – dort gibt's Micky-Mouse-Eis, Biene-Maja-Eis, Schneemann-Eis und noch viele weitere Kinder-Eisbecher. Kann man gleich mit seinen neuen Freunden genießen.

22_DAS FAXEN-DENKMAL

Zunge gaaaanz weit raus, bitte!

Wer hier keinen Quatsch macht, ist selbst schuld! Denn dafür wurde das sogenannte »Ich-Denkmal« am Mainufer in Frankfurt-Oberrad geschaffen: Damit man sich draufstellt, witzige Posen macht und dabei fotografiert wird. Je lustiger, je besser! Die Idee dazu stammt vom Frankfurter Künstler Hans Traxler – seit 2005 steht sein »Do it yourself«-Denkmal in der Grünanlage zwischen dem Nobel-Restaurant Gerbermühle und dem gleichnamigen Anleger-Steg.

Zu Beginn muss man allerdings ein bisschen suchen, um das etwa ein Meter hohe Podest zwischen den Bäumen und Sträuchern nicht zu übersehen. Ohne Kind oder Erwachsenen drauf ist es ein wenig unscheinbar: Ein steinerner Sockel mit Stufen an der Hinterseite. Nur wer dicht rangeht, sieht, wer der wahre Star dieses Denkmals sein soll: ICH! Diese drei Buchstaben stehen in goldener Schrift auf dem Sockel.

Die meisten Menschen laufen, joggen oder radeln einfach nur dran vorbei und sehen auch die bronzene Tafel nicht, die in gut 20 Metern Entfernung auf dem Boden angebracht ist. Ihre Aufschrift: »Jeder Mensch ist einzigartig. Das gilt auch für alle Tiere. Halten Sie es fest für immer.« Bei Tieren sind wir uns nicht so sicher, aber Kindern macht es einen Heidenspaß. Hier werden die Arme nach oben gerissen, Zungen rausgestreckt, lange Nasen gemacht. Ein Highlight für jedes Fotoalbum! Aber Obacht: Wer zu wild wird und das Gleichgewicht verliert, fällt hart: Mittlerweile ist das Denkmal nicht mehr wie zu Anfangszeiten von Gras umgeben, sondern von Kopfsteinpflaster.

Adresse Ich-Denkmal, Gleis 3, 60594 Frankfurt-Oberrad // **ÖPNV** Straßenbahn 15, 16, Haltestelle Buchrainstraße // **Anfahrt** »Mainvasenweg« in das Navi eingeben, hier gibt es einen großen Parkplatz // Für Kinder ab drei Jahren (bitte gut festhalten)!

23_DER FELSEN MIT DEN NUTRIAS

Auge in Auge mit dem putzigen Nagetier

»Schaut mal, da unten! Was ist das denn für ein Tier?« – »Sieht aus wie ein Otter.« – »Nein, das ist doch kein Otter, das ist eine riesige Wasserratte! Oder doch ein Biber?«

Rund um die Nidda sind solche aufgeregten Gespräche immer wieder zu hören. Fußgänger, die an Frankfurts zweitgrößtem Fluss spazieren gehen, stutzen über das putzige Nagetier im Wasser. Graues Fell, gut einen halben Meter groß, langer Schwanz.

Im Volkspark Niddatal, an der kleinen Brücke, die über den parallel verlaufenden Steinbach führt, gibt es einen Felsvorsprung, an dem sich ganze Nutria-Familien tummeln (was zugegebenerweise auch daran liegt, dass viele Familien von der Brücke aus die Enten füttern – das lockt eben auch die Nutrias an). Manchen Erwachsenen ist diese »große Ratte« nicht geheuer, Kinder hingegen sind sofort begeistert. Hier kommen sie so dicht an die Nagetiere heran, dass sie jedes einzelne Barthaar sehen können. Streicheln sollte man sie aber nicht, weil sie Krankheiten übertragen können.

Die Tiere stammen eigentlich aus Südamerika, in den 20er Jahren hatte man es auf ihr Fell abgesehen und sie in Deutschland auf Pelztierfarmen gehalten. Einige konnten entkommen und haben sich mittlerweile in bestimmten Regionen etabliert. Rund um die Nidda wird selten auch mal eine Albino-Nutria gesichtet, das sieht dann fast so aus, als würde ein riesiges Meerschweinchen im Wasser sitzen.

Adresse Volkspark Niddatal, 60488 Frankfurt // **ÖPNV** U1, U9, Haltestelle Frankfurt Niddapark // **Anfahrt** Parkplätze am Praunheimer Brücken Café, von dort die Nidda ostwärts entlanglaufen, die 1. Brücke links und noch 50 Meter bis zur Brücke über den Steinbach // Für alle Altersgruppen geeignet.

24_ DIE FLITZ-WIESE
Super viel Auslauf für kleine Raser

Kinder wollen sich frei bewegen, sie wollen laufen, flitzen und toben – und dafür sind die Schwanheimer Wiesen perfekt. Hier gibt es grüne weite Fläche, so weit das Auge reicht. Die Kids können vorlaufen, kein Elternteil muss hastig hinterher. Hier fahren keine Autos, die einzigen Begegnungen macht man mit Herrchen, Hunden oder Fahrradfahrern.

Heute kaum mehr vorstellbar: Vor Jahrtausenden floss der Main hier entlang, Wissenschaftler sprechen in diesem Fall vom »Urmain«. Er hinterließ fruchtbaren Boden, auf dem Bäume, Büsche und Pflanzen wunderbar sprießen konnten.

Die Schwanheimer Wiesen werden als größte Waldwiese Frankfurts bezeichnet. Aber: Ist das nun Wald? Oder ist das Wiese? Beides! Ursprünglich standen hier große, dichte Bäume, daher gehört die Fläche offiziell zum Schwanheimer Stadtwald. In Zeiten von Kriegen und Hungersnöten wurde die Fläche in den vergangenen Jahrhunderten jedoch immer wieder gerodet. Die Schwanheimer brauchten Geld, sie verkauften das Holz und verpachteten die Freifläche. Darum gibt es also heute diese Wiese und drum herum Wald.

Wer in den hineingeht und Richtung Lichtetalschneise pilgert, trifft auf ein Kunstobjekt, das Kinder lieben: die »Monsterkinder«. Drei aus Holz geschnitzte, gut ein Meter lange Eicheln, die unter ihrer Mama liegen (einem riesigen Eichenbaum) und die sich herrlich eignen, um darauf herumzuturnen oder eine gemütliche Pause einzulegen.

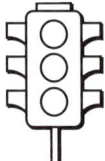

TIPP: Einmal selbst Straßenbahn-Schaffner sein oder es zumindest spielen. Das geht im Verkehrsmuseum Schwanheim, mit dem Auto zehn Minuten entfernt.

Adresse Schwanheimer Wiesen, 60529 Frankfurt-Schwanheim // **ÖPNV** Straßenbahn 12, Haltestelle Rheinlandstraße und etwa 10 Minuten zu Fuß die Schwanheimer Bahnstraße entlang // Für alle Altersklassen.

25_Fritz das Rettungsboot

Allzeit bereit, über den Main zu flitzen

Huch? Das sieht ja komisch aus! So komisch, dass jeder Fußgänger, ob klein oder groß, anhält und hochguckt. Unter der Untermainbrücke, am nördlichen Ufer, hängt ein gut fünf Meter langes Boot. Vier große Buchstaben darauf verraten, dass seine Existenz lebenswichtig ist: »DLRG« steht auf der Seite, »Deutsche Lebens-Rettungs-Gesellschaft«.

Das schwebende Rettungsboot heißt Fritz, es hängt an einem Kran und kann per Fernbedienung jederzeit ins Wasser gelassen werden. In den Sommermonaten passiert das besonders häufig. Dann gehen immer mal wieder Menschen im Main schwimmen – das ist wegen der Strömungen und des regen Schiffsverkehrs gefährlich und verboten. Es gibt Ruderer, die kentern und in Seenot geraten, Menschen, die in den Main fallen, oder Leichtsinnige, die für eine Mutprobe von einer Brücke springen und es nicht wieder ans Ufer schaffen.

Für all diese Fälle muss es mit Fritz und seiner Besatzung blitzschnell gehen. Das Boot wird innerhalb weniger Sekunden zu Wasser gelassen, die ehrenamtlichen Retter legen ihre Westen an, steigen ein und schießen mit 75 Kilometern pro Stunde über den Main zur Unfallstelle. Fritz ist das Haupt-Rettungsboot vom DLRG Frankfurt, sein Revier reicht bis zu den Schleusen in Offenbach und Griesheim, an beiden ist das Rettungsboot in knapp drei Minuten. Hängt unter der Untermainbrücke also ausnahmsweise mal KEIN Fritz, ist er gerade im Einsatz.

Adresse Untermainbrücke, 60329 Frankfurt-Innenstadt // **ÖPNV** U 1, U 2, U 3, U 4, U 5, U 8, Straßenbahn 11, 12, 14, 18, Haltestelle Willy-Brandt-Platz und etwa 10 Minuten zu Fuß // Für alle Altersklassen.

26_DAS FRÜHSTÜCKS-SCHIFF

Danach gibt's Theater

Erst ein leckeres Wikinger-Frühstück mümmeln, mit Brötchen, Wurst und Gurkensticks, dann ein spannendes Kindertheaterstück anschauen – und das alles auf einem großen Schiff. Für einen Sonntagvormittag gibt es für Kids kaum etwas Besseres, und darum veranstaltet die Primus Linie, Hessens größtes Schifffahrtsunternehmen, einmal im Monat das »Märchenhafte Familienfrühstück«.

Während der zweistündigen Schiffsfahrt auf dem Main ist alles auf Kinder ausgerichtet. Kaum an Bord gegangen und am Frühstückstisch Platz genommen, werden große Papierbögen ausgeteilt, zum Malen, Rätseln, Schiffchenbauen. Bei den Mikrofon-Durchsagen werden als Erstes die Kids angesprochen (»Hallo liebe Kinder, noch 20 Minuten bis zum Theaterstück, ihr könnt also noch in Ruhe aufessen«), es gibt zahlreiche Kinderstühle und massig Platz für Kinderwagen.

Während die Eltern das Frühstück gemütlich ausklingen lassen, laufen die Kids ein Stockwerk höher. Auf kleinen Kissen lauschen sie dem Theaterstück und kriegen den Mund oft gar nicht mehr zu. Ist das spannend, wie Hänsel und Gretel die gemeine Hexe überlisten!

Die Theaterstücke wechseln jeden Monat, sie richten sich an Kids ab vier Jahren, aber auch die ganz Kleinen können länger still sitzen, als Mama und Papa sich das vorher hätten denken können. Das »Märchenhafte Familienfrühstück« ist eine hochwertige Unternehmung und eignet sich wunderbar, um mit Freunden einen Ausflug zu machen.

Adresse Mainkai 36, 60311 Frankfurt-Altstadt, www.primus-linie.de // **ÖPNV** U 4, U 5, Haltestelle Dom/Römer; Bus 36, Haltestelle Schöne Aussicht // Für Kinder ab drei Jahren, kleinere Geschwisterkinder haben aber auch ihren Spaß.

TIPP: Danach noch richtig schön austoben auf dem Spielplatz am Untermainkai, zehn Minuten Fußmarsch am Main entlang.

PRIMUS-LINIE FOR KIDS

27_DER FUSSBALL-BALKON

Wo eure Stars sich feiern lassen

Das ist der Moment, auf den Fotografen, Kameraleute und Fans sehnsüchtig warten: Wenn die Tür sich öffnet und die Sportler endlich rauskommen, auf den berühmtesten Balkon der Stadt: den Römer-Balkon! Hier feiern die Fußball- und Sportmannschaften ihre Siege, die die meisten Kids nur aus dem Panini-Album kennen.

Von den legendären Feiern der Fußball-Weltmeister von 1990 und der Weltmeisterinnen von 2003 müssen natürlich die Eltern erzählen, die sind schon etwas her. Aber auch in der kürzeren Vergangenheit wurden auf dem gut 100 Jahre alten Balkon legendäre Siegesfeiern abgehalten.

2016 zum Beispiel wurden die Medaillengewinner der Olympischen Spiele vom damaligen Bundespräsidenten geehrt, die Europapokal-Helden im Basketball, die Fraport Skyliners, haben im gleichen Jahr ihren Pokal in die Höhe gestreckt, und natürlich gab es ein ausgiebiges Fest für den DFB-Pokal-Gewinner von 2018, Eintracht Frankfurt. Die Kulisse ist perfekt: Über den feierfreudigen Sportlern thronen berühmte deutsche Kaiser und Könige.

Unter dem Balkon, auf dem sogenannten Römerberg, finden dazu riesige Fanfeste statt. Zehntausende kommen auf dem Platz zusammen, auf dem sich an normalen Tagen vor allem Touristen tummeln und die Fachwerkhäuser und den sogenannten Gerechtigkeitsbrunnen fotografieren – den ersten Springbrunnen, den es in Frankfurt überhaupt gab.

TIPP: Keine 300 Meter entfernt, in der Straße Neue Kräme 27, befindet sich das Maggi-Kochstudio. Dort gibt's Kochkurse für Kinder ab acht Jahren.

Adresse Römerberg 23, 60311 Frankfurt-Altstadt // **ÖPNV** U 4, U 5, Haltestelle Dom/Römer; Straßenbahn 11, 12, Haltestelle Römer/Paulskirche; Bus 36, Haltestelle Schöne Aussicht // Für alle Altersklassen – je fußballbegeisterter, desto besser.

28_GANZ VORNE IN DER U3

Fühl dich wie ein U-Bahn-Schaffner

Kinder und öffentliche Verkehrsmittel – diese Kombi geht immer! Schon das Einsteigen in eine schnelle S-Bahn finden viele ultra-aufregend, die Lümmelbank im Bus ist seit Generationen bei Kids »the place to be«, und dank des »Tür öffnen«-Knopfes (der beim Gedrücktwerden auch noch die Farbe wechselt!) ist selbst das Aussteigen aus einer Straßenbahn ein Highlight.

Am coolsten ist eine Fahrt mit der U-Bahn, wenn man einen kleinen Trick befolgt: Ganz vorne oder ganz hinten einsteigen, alle Fahrzeuge auf allen Linien haben am Anfang und am Ende getönte Scheiben. Wer seine Nase dort herandrückt, bekommt einen spannenden Blick auf die Gleise. Kids lieben es, sich auf die Sitze zu knien (Schuhe bleiben unten, ist logisch) und zu beobachten, wie sich ihre U-Bahn durch die dunklen unterirdischen Tunnel schlängelt. Kommt da wieder eine Haltestelle? Ja, zack, da ist es wieder hell, die U-Bahn wird langsamer und hält an. Wer die Sitze ganz vorne ergattert, bekommt zusätzlich einen Blick in die Fahrerkabine mit den vielen bunten Knöpfen und dem beleuchteten Display.

Wie schön, dass der öffentliche Nahverkehr in Frankfurt so gut ausgebaut ist! Lange Wartezeiten, die ja bei keinem Kind zu Freudensprüngen führen, gibt es hier also selten. Wir empfehlen zum Einsteigen den Südbahnhof, dort starten vier U-Bahn-Linien.

Besonders lohnend ist eine Fahrt mit der U 3, sie hat mit die meisten Haltestellen (27), eine Fahrt von Anfang bis Ende dauert 43 Minuten und verläuft irgendwann oberirdisch durch die schöne grüne Landschaft rund um den Frankfurter Vorort Oberursel.

TIPP: Beim Willy-Brandt-Platz einen Zwischenstopp einlegen – die Treppe runter zur U 4 wird von Kindern »die Glitzertreppe« genannt.

Adresse Südbahnhof, 60594 Frankfurt-Sachsenhausen // ÖPNV S3–S6, S8, U1, U2, U3, U8, Straßenbahn 15, 16, 18, 19; Bus 36, 45, 47, 48, 61, 78, 80, 653, OF-50 // Für alle Altersgruppen geeignet – wer lange sitzen bleiben kann, hat natürlich am meisten Spaß.

29_DIE GÄRTNEREI ANJA RAPPELT

Der kleine rote Traktor

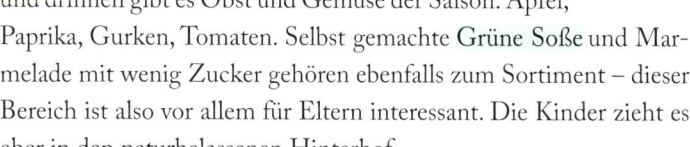

Auf den ersten Blick sieht es »nur« aus wie ein netter Bioladen: Bäumchen und Pflanzen stehen vor der Tür, und drinnen gibt es Obst und Gemüse der Saison: Äpfel, Paprika, Gurken, Tomaten. Selbst gemachte Grüne Soße und Marmelade mit wenig Zucker gehören ebenfalls zum Sortiment – dieser Bereich ist also vor allem für Eltern interessant. Die Kinder zieht es eher in den naturbelassenen Hinterhof.

Wer das abschüssige Gelände an Veilchen- und Kräuterbeeten vorbei bis zum Ende geht, findet unter einem Wellblechdach das tollste Beschäftigungsmobil weit und breit: einen roten Traktor im Ruhestand. Herrlich zum Draufklettern, Platznehmen und Das-Lenkrad-in-die-Hand-Nehmen. Wie ein richtiger Traktor-Fahrer eben! Selbst wenn sich der leicht vergilbte Koloss nicht mehr vor- und nicht mehr zurückbewegt, macht das den Kids einen Heidenspaß. Kein Wunder, von hier oben hat man ja auch die beste Aussicht!

Nicht zu überhören sind dabei die Bewohner des Hinterhofes: Papageien und Kakadus krächzen in ihren Käfigen in einer Tour. Sie leben hier neben Hühnern und Hasen – alles Gnadentiere, die von ihren Besitzern nicht mehr gewollt waren und hier ein neues Zuhause fanden.

Ein echter Hingucker ist darüber hinaus die komplett mit Efeu zugewachsene Häuserfassade. Dutzende Schwalben bauen hier ihre Nester, wer zur passenden Jahreszeit kommt, kann ein wildes Rein- und Rausfliegen beobachten.

Adresse Gärtnerei Anja Rappelt, Am Sandberg 78, 60599 Frankfurt-Sachsenhausen, www.gaertnerei-rappelt.de // ÖPNV Bus 47, 48, Haltestelle Am Sandberg // Öffnungszeiten Mo–Fr 7.30–12.30 Uhr, Mo, Do, Fr auch 15–18.30 Uhr, Sa 7.30–13 Uhr // Für alle Altersklassen geeignet.

30_GINOS CAFÉ & MEZZE

Der versteckte Indoor-Spielplatz

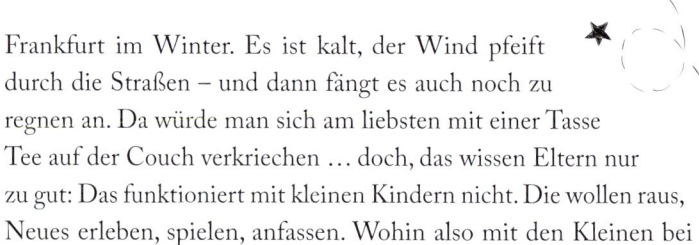

Frankfurt im Winter. Es ist kalt, der Wind pfeift durch die Straßen – und dann fängt es auch noch zu regnen an. Da würde man sich am liebsten mit einer Tasse Tee auf der Couch verkriechen … doch, das wissen Eltern nur zu gut: Das funktioniert mit kleinen Kindern nicht. Die wollen raus, Neues erleben, spielen, anfassen. Wohin also mit den Kleinen bei diesem Schmuddelwetter?

In Frankfurt-Bornheim, am obersten Zipfel der Berger Straße, gibt es einen Zufluchtsort: Ginos Café & Mezze. Was man auf den ersten Blick gar nicht vermutet, im hinteren Bereich gibt es einen top ausgestatteten Spielbereich für kleine Kinder, den man für einen kleinen Extrabeitrag benutzen darf. Hier gibt es ein Bällebad, eine Rutsche, Klettertürme und eine riesengroße Tafel. Die Kids setzen sich auf eine der zwei Schaukeln oder schnappen sich ein Buch, sind glücklich und optimal beschäftigt, während die Eltern einen Latte macchiato genießen.

Dass man das Café online nur auf Instagram findet und dort hauptsächlich Bilder von geschäumten Cappuccini, Gurken-Schorlen oder veganen Falafel-Wraps sieht, soll nicht weiter verwundern: Das Café ist ein Alleskönner, die »eierlegende Wollmilchsau« unter den Kindercafés. Dazu gehören auch noch eine Falafelbar und ein Geschäft für Kinderkleidung. Tolle Kombi und auch an sonnigen Tagen einen Besuch wert!

> **TIPP:** Mit Bus 36 ist man von Bornheim Mitte in sechs Minuten im Panoramabad Bornheim – das Nichtschwimmerbecken ist hier immer warm, statt Warmbadetag ist Warmbadewoche.

Adresse Ginos Café & Mezze, Alt Bornheim 1–3, 60385 Frankfurt-Bornheim // **ÖPNV** U 4, U 5, Straßenbahn 12, 18, Bus 34, 38, 43, 103, Haltestelle Bornheim Mitte und etwa 10 Minuten die Berger Straße hochlaufen // Für Kinder bis circa sechs Jahre.

31 DAS GOLDENE GRÜNGÜRTELTIER

Findet garantiert nicht jeder

»Tiroler Weiher? Den gibt's hier nicht!« – »Goldenes Grüngürteltier, noch nie gehört!« Selbst Einheimische, die seit Jahren mit ihren Hunden in der Umgebung Gassi gehen, machen große Augen, wenn sie von diesem Ausflugsziel hören. Der kleine Teich ist ein echter Geheimtipp. Kein Wunder, liegt er doch zwischen Isenburger Schneise und Mörfelder Landstraße so versteckt, dass er weder mit öffentlichen Verkehrsmitteln noch mit dem Auto gut zu erreichen ist.

Wer zu Fuß, mit dem Lauf- oder Fahrrad den Weg bis hierhin meistert, dem bietet sich dafür ein herrliches Bild. Ganz ruhig liegt der Weiher im Frankfurter Stadtwald, das Wasser etwas grünlich, Enten drehen schnatternd ihre Runden. Besonders schön ist es am Vormittag, wenn die Sonnenstrahlen durch die Äste der Bäume hindurchblinzeln.

Kinder erspähen sofort das Geschöpf, das über diesem netten Flecken Erde thront: das Grüngürteltier. Eine Phantasiefigur mit Schweinsnase, Flügeln und langem Schwanz, die immer dort auftaucht, wo es in Frankfurt besonders grün ist. In diesem Fall ist das Grüngürteltier allerdings goldfarben, es sitzt auf einer Art Siegessäule und hält eine Fahne in der Hand. Gewollt oder nicht, es passt ein wenig zu dem, was vor gut 150 Jahren an dieser Stelle los war. Soldaten aus Bayern hielten hier ihre Schießübungen ab.

Heute ist der Tiroler Weiher dafür da, dass man ihn umrundet, dass man auf den Bänken Rast macht und sich (mit leichten Unterbrechungen aufgrund der hinwegdonnernden Flugzeuge) an der Natur erfreut.

TIPP: Im Anschluss die Commerzbank-Arena (das Frankfurter Stadion) einmal zu Fuß umrunden.

Adresse Tiroler Schneise, 60528 Frankfurter Stadtwald // **ÖPNV** Straßenbahn 21, Haltestelle Stadion; Bus 61, Haltestelle Stadion/Schwimmbad und etwa 20 Minuten zu Fuß // **Anfahrt** Parkmöglichkeiten am Stadionbad in der Mörfelder Landstraße, auch hier im Anschluss 20 Minuten Fußmarsch // Für alle Altersklassen geeignet.

32_ DER GREEN-SCREEN

Angriff der Gottesanbeterin

Eine karge, steinige Wüste. Die Kinder stehen mittendrin, schauen ängstlich umher. Da! Da kommt sie! Eine riesige Heuschrecke stakst sich an die Gruppe heran, sie ist mindestens fünf Meter groß. Das Mega-Insekt baut sich über den Kids auf und versucht, sie mit ihren langen Beinen zu zermalmen. Rette sich, wer noch kann!!!

So sieht es aus, das Kinder-Lieblingsszenario im Deutschen Filmmuseum. Im zweiten Stock des Gebäudes befindet sich ein sogenannter Green Screen. Wer sich hineinstellt, sieht sich auf dem Monitor in ganz verrückten Situationen. Die Kids können in einem U-Boot durchs Wasser sausen, in einem Fahrstuhl ohne Geländer fahren (Achtung, Schwindel!) und sich wieder und wieder von der Gottesanbeterin angreifen lassen.

An jeder Ecke flackert und flimmert es – schon im Eingangsbereich laufen auf einer riesigen Wand Film-Zusammenschnitte. Sehr beliebt ist auch das kleine »Kabuff«, in dem kurze uralte Filme gezeigt werden. Sie wurden vor über 100 Jahren gedreht, sind entsprechend schwarz-weiß und sehr minimalistisch. Ein ganz neues Seherlebnis! Für Kinder und Jugendliche ist es immer wieder faszinierend, »Das boxende Känguru« anzuschauen oder einen französischen Sketch, in dem einem Mann mit einem Blasebalg der Kopf aufgepustet wird.

Highlight am Wochenende ist das offene Filmstudio. Dort können sich die Kids in Filme hineinschneiden lassen. Zum Beispiel auf die Bank zu Forrest Gump – Erinnerungsfoto inklusive!

TIPP: Jeden zweiten Samstag ist direkt vor dem Filmmuseum am Mainufer ein riesiger Flohmarkt. Er geht von 9 bis 14 Uhr. Also erst Trödel gucken, dann ins offene Filmstudio.

Adresse Deutsches Filmmuseum, Schaumainkai 41, 60596 Frankfurt-Sachsenhausen, www.deutsches-filminstitut.de // **ÖPNV** U1, U2, U3, U8, Haltestelle Schweizer Straße; Straßenbahn 15, 16, 19, Haltestelle Schweizer-/Gartenstraße und etwa 10 Minuten zu Fuß // **Öffnungszeiten** Di–Do 10–18 Uhr, Fr 10–20 Uhr, Sa, So 10–18 Uhr; offenes Filmstudio Sa, So 14–18 Uhr, barrierefrei // Für Kinder ab drei Jahren – Hauptsache kurz still sitzen / still halten für den Green-Screen beziehungsweise das offene Filmstudio.

33_ DIE GRÜNE-SOSSE-STRASSE

Hmmmmmm, ist das lecker!

Bei Frankfurter Kindern rangiert sie in der gleichen Liga wie Ketchup und Mayonnaise: Die »Grie Soß«, die Frankfurter Grüne Soße. Das Traditionsgericht besteht unter anderem aus sieben Kräutern, Öl, Schmand und Joghurt und kommt so gut an, dass manche Eltern es sogar in den Babybrei rühren. Auch zu Pellkartoffeln mit hart ge‑

kochten Eiern oder einem Frankfurter Schnitzel ist die Grüne Soße ein Genuss. Eltern staunen immer wieder, dass selbst Tafelspitz von ihren Kids weggefuttert wird, wenn nur genug Grüne Soße drauf ist.

Ein Besuch in der Bruchstraße in Frankfurt-Sachsenhausen macht allen kleinen und großen Grüne-Soße-Fans viel Freude. Zahlreiche Restaurants mit herzhafter regionaler Küche säumen die Straße. Manche sind schon etwas älter und gehören in die Kategorie »traditionelle Apfelweinwirtschaft« wie beispielsweise Zum Feuerrädchen, Zur Germania oder das Kanonesteppel mit nettem Innenhof und einer Bar voller Bembeln.

Andere sind eher modern, das Essen aber nicht minder schmackhaft, darunter zum Beispiel das Exenberger, ein kompaktes Restaurant mit gleich vier Grüne-Soße-Gerichten auf der Speisekarte. Damit's für die Kids nach dem Bestellen nicht so langweilig wird, gibt's hier Bilderbücher zum Ausmalen. Vor der Tür steht eine kleine blaue Eisenbahn, die regelmäßig ein leises Zischen von sich gibt und auf der geklettert werden darf.

Adresse Bruchstraße 14/Ecke Textorstraße, 60594 Frankfurt-Sachsenhausen // ÖPNV Straßenbahn 15, 16, 18, Bus 45, Haltestelle Brückenstraße/Textorstraße // Öffnungszeiten Exenberger Mo–Do 11–15 und 17.30–23 Uhr, Fr, Sa, Feiertage 11–23 Uhr, Zum Feuerrädchen Mo–So 11–24 Uhr // Für alle Altersklassen.

34_ DAS GRUSEL-KABINETT

Die schrecklichsten Fratzen der Stadt

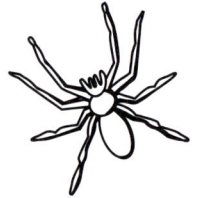

Ihhhhh! Da hängt ja eine riesige schwarze Spinne! Ihr Netz ist mindestens zwei Meter breit, ihre Beine sind wabbelig, haarig und leuchten im Dunkeln! Und unter ihr wird es noch gruseliger: Dort stehen mindestens 20 kleine Tier-Skelette. Es sind die Knochengerüste von Mäusen und Hunden mit spitzen Zähnen und bitterbösem Blick … Wollen die uns etwa beißen?!?! Kreisch!

Keine Sorge, diese Geschöpfe sind natürlich nicht echt, sie bestehen aus Plüsch und Plastik und gehören zum riesigen Sortiment des Kostümgeschäfts Deiters auf der Frankfurter Zeil. Ein Besuch hier mitten in der City macht allen Kids, die sich gern gruseln, großen Spaß: Auf drei Etagen gibt es alles, was zu einer schön-schaurigen Halloween-Party dazugehört. Kreischende Puppen, Fledermäuse, Regale voll mit Horror-Masken. Totenköpfe, Pferdeköpfe, Clowns und andere Horrorfiguren, die hoffentlich nur die Eltern aus dem Fernsehen kennen. Nur die Mutigsten trauen sich, sich so eine Fratze über den Kopf zu ziehen, den meisten reicht der Anblick.

Kids (und Erwachsene), die eher lebensbejahende Spaß-Accessoires mögen, kommen bei Deiters auch auf ihre Kosten, das Geschäft ist ein Verkleide-Paradies. Es gibt kuschelige Kostüme für den Karnevalsumzug, farbenfrohe Trachten, Fußball-Fanartikel, Hütchen, Krönchen, Umhänge und das alles zu erschwinglichen Preisen. Bei Deiters ist es mal schaurig-gruselig, mal bunt und schrill. Auf jeden Fall ein Event!

TIPP: 600 Meter entfernt, in der Eschenheimer Anlage, befindet sich der schöne Spielplatz »Drachenburg« mit Marterpfählen, die aussehen wie Krokodile am Spieß.

35_DIE HÄNGEBRÜCKE

Darunter summt und brummt es

Wer am Danziger Platz vor dem Frankfurter Ostbahnhof vorbeifährt, fragt sich sofort, was das ist: Um das Areal stehen hohe Absperrgitter, manche sind mit weißen Planen abgehängt. Von außen erspäht man nur ein bisschen Grün und eine kleine Hängebrücke, die zwischen zwei Bäumen hängt. Dahinter muss doch irgendetwas Spannendes sein!

Es ist der Neue Frankfurter Garten, ein Urban-Gardening-Projekt, reinkommen und mitmachen ist erwünscht! Hier werden Kinder und Erwachsene zum Hobbygärtner, bauen ihr eigenes Bio-Gemüse an. Auf einer 2.500 Quadratmeter großen Fläche wachsen Kartoffeln, verschiedene Minzsorten, Rosmarin und vieles mehr in weißen oder holzfarbenen Hochbeeten.

Die Hängebrücke, zu der eine selbst geschnitzte Treppe führt, ist ein Bienen-Projekt: Dort oben auf den Baumplattformen sind in ausgehöhlten Stämmen mehrere Bienenvölker untergebracht. Wer darunter steht, kann es brummen hören, Zehntausende Bienen fliegen in den warmen Monaten des Jahres ein und aus. Wer sich das Treiben einmal von oben ansehen will, kommt zu einer Bienenbaum-Wipfelpfad-Führung.

Richtig nett ist das Vereinscafé, das auch für Besucher geöffnet ist und selbst gemachten Kuchen anbietet. Wer nach oben aufs Podest klettert und dort an einem der Tische Platz nimmt, hat einen schönen Ausblick auf die gepflanzten Werke.

Adresse Neuer Frankfurter Garten, Danziger Platz, 60314 Frankfurt-Ostend // **ÖPNV** U 6, Straßenbahn 11, 14, Bus 31, 32, Haltestelle Ostbahnhof // **Öffnungszeiten** April–Sept. Mi, Fr 16–20 Uhr, Sa, So 13–20 Uhr, Okt.–März Sa, So 14–17 Uhr, Vorbeikommen geht in diesen Zeiten immer; wer aktiv mitgärtnern möchte, meldet sich unter www.bienen-baum-gut.de // Die Hängebrücke ist frühestens für Kinder ab vier Jahren, untendrunter haben auch die kleineren viel Freude.

36_DIE HÖCHSTE WACKELBRÜCKE

Herrliches Scheppern auf 880 Metern

Er ist der wichtigste Berg für Frankfurter Kinder, die meisten haben ihn tagtäglich vor der Nase: der Große Feldberg. Mit seinen 880 Metern ist er der Gigant im Taunus und von praktisch jedem Winkel der Stadt aus zu sehen. Was kaum einer weiß: Auf dem Gipfel gibt es einen schönen Spielplatz, und auch sonst ist ein Feldberg-Besuch voller Überraschungen.

Dort oben herrscht zum Beispiel ein anderes Klima als in der Frankfurter City. Es ist deutlich kühler und feuchter. Und so wird schon die Anfahrt zum Erlebnis, wenn plötzlich das Wetter umschlägt, es wie aus dem Nichts zu schneien beginnt und die Tannen, die eben noch grün waren, nun meterhoch mit Schnee bedeckt sind. Auf dem Gipfel offenbart sich in den Wintermonaten ein Winterwonderland, von dem man im Flachland nur träumen kann (unbedingt Schlitten mitnehmen, der Rodelhügel ist genial!).

Im Frühling, Sommer oder Herbst hingegen führt die Anfahrt irgendwann in eine Wolke hinein, und man erreicht das Feldberg-Plateau im tiefsten Nebel. Ein Besuch hier oben hat dann sogleich etwas Mystisches. Dazu passt der Falkenhof, der unter anderem Krankenhaus für verletzte Greifvögel ist und sogar Kindergeburtstagsfeiern anbietet.

Die meisten Kinder stürzen sich aber erst einmal auf das hölzerne Klettergerüst, das herrlich scheppert, wenn man über die Wackelbrücke läuft. Von nun an wird es bei jedem Blick auf den höchsten Taunus-Berg heißen: »Da oben war ich und hab da gespielt!«

Adresse Großer Feldberg, 61389 Schmitten // ÖPNV U 3, Haltestelle Oberursel Hohemark, im Anschluss Bus 57, Haltestelle Schmitten-Niederreifenberg Großer Feldberg // Anfahrt praktischer geht's über die A 661, ab der Ausfahrt Schmitten/Oberursel-Hohemark ist der Große Feldberg ausgeschildert // Für Kinder ab drei Jahren.

TIPP: In der Nähe des Parkplatzes befindet sich eine Münz-Press-Maschine. Mit etwas Kleingeld und viel Kurbelei kann man sich seine Centmünzen platt walzen und mit den Gebäuden des Großen Feldberges verschönern.

37_AM HÖCHSTER WEHR

Muscheln sammeln wie im Ostsee-Urlaub

Wer dachte, Muscheln sammeln sei ausschließlich für den Strandurlaub reserviert, der wird hier riesengroße Augen machen. Im Norden Frankfurts, im Stadtteil Nied, geht das auch! Am Ufer der Nidda, in Sachen Fluss-Bekanntheit in Frankfurt auf Platz zwei, liegen Tausende kleine Muscheln – besser als am Ostsee-Strand.

Hier am ehemaligen Höchster Wehr können Kinder aller Altersklassen und ihre Eltern einen wundervollen Nachmittag verbringen, im Gras die Picknickdecke aufschlagen und im und am Wasser spielen. Große sogenannte Störsteine sorgen dafür, dass das Wasser mal schneller, mal langsamer fließt, es gibt Matschepfützen für die Kleinen, die Großen lassen sich im tieferen Wasser treiben oder klettern auf eine der natürlichen Inseln im Fluss. Hin und wieder kommt sogar ein Kajak-Fahrer vorbei. Das ist echtes Abenteuer-Feeling!

Dass die Nidda hier so schön urig und naturbelassen aussieht, ist einem millionenschweren Renaturierungsprojekt der Stadt Frankfurt zu verdanken. Man wollte wieder mehr Leben im und am Fluss. Mehr Fische, die hier auch laichen können, mehr Tiere an Land, mehr Pflanzen (Achtung, zu den Pflanzen gehören auch Brennnesseln). Das ist gelungen und bietet Familien zudem die Möglichkeit für einen wundervollen Muscheln-Sammeln-Nachmittag an der Nidda.

TIPP: Hier, an dem Weg »Grüne Weide«, führt ein top ausgebauter Radweg entlang. Den Besuch also gleich mit einer ausgedehnten Radtour verbinden, so umgeht man auch den langen Fußmarsch.

Adresse Höchster Wehr, 65934 Frankfurt-Nied // **ÖPNV** S 1, S 2, Haltestelle Frankfurt Nied Bahnhof und etwa 20 Minuten zu Fuß // Für alle Altersklassen geeignet.

38_HR3
Spiel doch mal Radiomoderator

Es läuft morgens beim Zähneputzen im Badezimmer und nachmittags auf dem Weg zum Fußballtraining im Auto: das Radio, in vielen Fällen hr3 – einer der beliebtesten Familiensender in Hessen, mit cooler Musik und fröhlichen Moderatoren. Aber: Wie funktioniert das eigentlich? Wer wählt die Musik aus? Und wie sehen die Leute aus, die im Radio zu hören sind?

Das erfahren Kinder und Jugendliche bei einer Führung im Hessischen Rundfunk. In dem Sendekomplex im Stadtteil Dornbusch gibt es extra KiFüs – Kinderführungen – in die Radiostudios von hr3, begleitet von einer freundlichen Gästeführerin. Wenn es gerade nicht zu stressig ist, winken die Moderatoren die Kids sogar zu sich ins Sendestudio hinein. Das ist richtig aufregend: Was hier passiert, hört man im gleichen Moment hessenweit in den Radios.

Die kleinen Gäste lernen, warum sich die Moderatoren die Musik nicht selbst aussuchen dürfen, dass ein Song von etwa drei Minuten Länge reicht, damit man mal schnell auf die Toilette laufen kann, und dass es gar nicht sooooo schlimm ist, wenn man sich am Mikrofon auch mal verhaspelt. Die Kids dürfen sich und ihre Stimme auch selbst ausprobieren. Die Gästeführerin befragt sie mit einem Aufnahmegerät, schneidet alle »Ähhhs« und »Öhhhs« heraus und spielt die fertige Umfrage vor. Das hört sich für viele erst mal richtig komisch an!

Eine KiFü eignet sich auch herrlich für einen Kindergeburtstag, mit Kakao und Kuchen an einem schön geschmückten Tisch im gemütlichen und lichtdurchfluteten hr-Kasino.

Adresse Hessischer Rundfunk, Bertramstraße 8, 60320 Frankfurt-Dornbusch // **ÖPNV** U1, U2, U3, U9, Haltestelle Dornbusch/Hessischer Rundfunk und etwa 10 Minuten zu Fuß bis zum Haupteingang // **Öffnungszeiten** Führungen Mo–Fr 9.30–11.30 und 13–15 Uhr, mit Vorlauf zu vereinbaren unter fuehrungen@hr.de oder Tel. 069/1553119; Kindergeburtstage vereinbaren unter kasinosekretariat@hr.de oder Tel. 069/1552988 // ab acht Jahren

TIPP: Die Autorin dieses Buches, Julia Tzschätzsch, ist auch Moderatorin von hr3. Sie sendet in der Regel von 9.30–13.30 und freut sich immer SEHR über Kinderbesuch. Unweit des Senders befindet sich der Abenteuerspielplatz Coloradopark, Gruppen ab sieben Kindern müssen vorher angemeldet werden unter Tel. 069/561642.

39_ DIE HÜGEL IM GRÜNEBURGPARK

Auf den Hintern, fertig, los!

Kaum zu glauben, dass sich so ein schöner, riesiger Park mitten in der Frankfurter City befindet. Der Grüneburgpark im Stadtteil Westend ist über 40 Fußballfelder groß, seine Wiesen sind so weitläufig, dass man darauf herrlich **Herumflitzen** und Ticken spielen kann. Etliche Sportgeräte kommen zum Einsatz: Hier fliegen Frisbees und Badminton-Bälle, Jogger und Radfahrer drehen ihre Runden, Hobbykicker treffen sich am Nachmittag zum Fußballspielen.

Für kleine Kinder besonders toll ist der untere Spielplatz im Park, der sogenannte Spielplatz-Süd in Richtung Palmengarten. Hier gibt es eine Hügellandschaft, auf die man ohne elterliche Hilfe ganz einfach hinaufklettern kann. Auf dem Bauch oder Po geht es unter lautem **Gejuchze** wieder herunter. Die Rutschhügel sind mit einer dünnen Schicht Sand bedeckt, drunter befindet sich eine griffige Gummierung, sodass das Hinaufklettern (in der Regel) ohne Abrutschen klappt. Schaukel, Rutschen, Wasserspielanlage – auf diesem Platz ist für die Kleinsten alles da.

Die größeren Kids sind dagegen besser auf dem mittleren Spielplatz aufgehoben, der sich weiter nördlich im Park befindet. Hier gibt es ein Klettergerüst mit **Holzparcours**, der selbst Erwachsene an ihre Grenzen bringt. Dort gilt es unter anderem, über Holzstämme zu balancieren – einmal das Gleichgewicht verloren, fällt man hinunter. Wirklich **tricky**, macht aber trotzdem Spaß!

Adresse Grüneburgpark Spielplatz Süd, Grüneburgweg, 60323 Frankfurt Westend-Nord // **ÖPNV** U 4, Haltestelle Bockenheimer Warte // Für alle Altersgruppen geeignet.

40 _ DIE ICE-BRÜCKE

Achtung, da kommt wieder einer!

Das Brückengeländer fängt an zu vibrieren. Schnell die Ohren zuhalten, gleich wird es richtig laut, ein ICE kommt! Und tatsächlich, Sekunden später rauscht der weiße Schnellzug mit dem roten Strich über die Main-Neckar-Brücke.

Auf der nördlichen Brücken-Seite, vom Gutleutviertel aus, kommen kleine und große Spaziergänger aufregend dicht an die fahrenden Züge heran. Kraxeln sie den etwas zugewachsenen Weg beim Druckwasserwerk die Brücke hinauf, erreichen sie einen bunten Zaun, ein gelb-rot-grün gestrichenes Geländer. Hier stehen Kinder und Eltern nur wenige Meter vom Zug entfernt, können wunderbar in den stählernen Tunnel hineinschauen und sich freuen, wenn sie die ICE-Schnauze als Erstes entdecken.

Kids finden es zum Kreischen schön, wenn ihnen der Zugwind die Haare nach oben wirbelt, Eltern beruhigt der farbenfrohe Zaun. Im Schnitt rattert alle fünf Minuten ein Zug über die Brücke, nicht selten kommen sogar zwei gleichzeitig, ICE Richtung Hauptbahnhof trifft Regionalexpress Richtung Südbahnhof. Was für ein superlautes Getöse!

Abgesehen vom »Erste-Klasse-ICE-Blick« kann man von hier oben herrlich über den Main Richtung Innenstadt schauen. Der Fußgängerweg ist allerdings ziemlich schmal. Wenn Spaziergänger, Jogger und Fahrradfahrer an derselben Stelle zur gleichen Zeit vorbeiwollen (was tatsächlich ziemlich häufig passiert), gibt's einen kleinen Stau. Das ärgert auf dieser tollen Brücke zum Glück keinen.

TIPP: Auf der Gutleut-Seite der Brücke befindet sich der Sommerhoffpark, er wirkt nostalgisch-schön und hat einen Spielplatz mit Main-Blick.

Adresse Main-Neckar-Brücke, Theodor-Stern-Kai, 60327 Frankfurt-Niederrad // **ÖPNV** zur Niederräder/Sachsenhäuser Seite: Straßenbahn 12, 15, 19, 20, 21, Haltestelle Universitätsklinikum; zur Gutleut-Seite: Bus 33, Haltestelle Main-Neckar-Brücke // Da es ganz schön laut wird: Für Kinder ab vier Jahren.

41_JENNYS SPAZIERSTRECKE

Das freilaufende Pferd von Fechenheim

Was ist das? Ein Pferd läuft mitten auf dem Bürgersteig, ganz allein! Ist es ausgebüxt? Hat es sich verlaufen und trabt orientierungslos herum? Nein, keine Sorge, alles paletti: Die weiße Araberstute Jenny geht nur spazieren. Jeden Tag legt sie gute 20 Kilometer zurück.

Sobald Besitzer Werner Weischedel ihre Box öffnet, beginnt der hufeklappernde Tagesmarsch. Im Sommer scharrt Jenny schon um fünf Uhr morgens mit den Hufen und kommt vor 22 Uhr nicht nach Hause. Ihr Trip geht über Kopfsteinpflaster, vorbei an den Gleisen der Straßenbahnlinie 11 in Richtung Main. Die Straßenbahnfahrer kennen das schöne Tier – sie nehmen Rücksicht, falls Jenny zu dicht ans Gleisbett kommen sollte.

Seit gut 15 Jahren läuft Jenny durch Fechenheim, knabbert an Gras und Ästen – bis vor Kurzem war sie mit ihrer Weggefährtin Charly unterwegs. Die Araberstute starb Ende 2018, seitdem läuft Jenny allein und freut sich umso mehr über menschliche Gesellschaft. Streicheln ist erlaubt! Wer mit Kinderwagen unterwegs ist, kommt besonders dicht an sie heran. Jenny liebt es, an kleinen Kinderhändchen zu schnuppern – in der Hoffnung, etwas Appetitliches wie zum Beispiel einen Babykeks abzustauben. Das gelingt ihr ab und an zwar, grundsätzlich gilt jedoch: Jenny darf nicht gefüttert werden, sonst kann sie schlimme Bauchschmerzen bekommen.

Fußgänger, die Jenny das erste Mal sehen, rufen nicht selten die Polizei, um ein entlaufenes Pferd zu melden. Um dies zu vermeiden, trägt Jenny ein auffälliges Schild, auf dem steht: Ich bin nicht weggelaufen, ich gehe nur spazieren.

TIPP: Direkt am Main, in Höhe der Straßenbahnhaltestelle, befindet sich ein tolles Plätzchen, um Enten und Schwäne zu gucken.

Adresse Werner Weischedel, Angergasse 7, 60386 Frankfurt-Fechenheim // **ÖPNV** Straßenbahn 11, Haltestelle Schießhüttenstraße // **Öffnungszeiten** Jenny startet kurz nach Sonnenaufgang, im Winter gegen 8/9 Uhr, im Sommer deutlich früher; wer sie treffen möchte, läuft von der Straßenbahnhaltestelle den Main entlang Richtung Friedhof und weiter geradeaus // Für Kinder jeden Alters ein Erlebnis.

42_ DER KÄTCHES-LACHPARK

Rote Fische und quakende Frösche

Am Riedberg sieht alles anders aus. Alles ist neu, sauber und quadratisch. Kein Wunder, der Stadtteil wurde erst in den 90er Jahren als Wohnviertel geplant. Seitdem wurde gebaut, was das Zeug hält, und mittlerweile leben gut 15.000 Menschen in den weißen Häusern und Wohnungen.

Die meisten Neuankömmlinge sind Familien. Herrliche Konsequenz: Hier gibt es überall Kinder. Auf Rollern, Skateboards und Laufrädern flitzen sie die Bürgersteige entlang. Viele von ihnen steuern Richtung Kätcheslachpark – einer riesigen Grünfläche, die wir guten Gewissens als den Alleskönner unter den Frankfurter Parks bezeichnen. Er stellt die Frischluftversorgung des Stadtteils sicher, er fängt Regenwasser auf, er sorgt für Naturschutz und natürlich für jede Menge Kinderspaß.

Schon von Weitem sticht der Piratenspielplatz ins Auge mit seinem großen »Klettervulkan«, da heißt es raufhangeln und auf einer der drei Rutschen wieder ins Freie rutschen. Es gibt ein hölzernes Piratenschiff, im Sommer werden die Wasserspiele angeschaltet, nebenan ist ein großes Feld zum Basketballspielen.

Im östlichen Teil des Kätcheslachpark liegt ein Weiher, den Kinder mindestens genauso lieben. Wer auf der sogenannten Ententeich-Aussichtsplattform steht, sieht zahlreiche rote und schwarze Fische vorbeischwimmen – und in der richtigen Jahreszeit kann man Amphibien quaken hören.

Adresse Kätcheslachpark, 60438 Frankfurt-Riedberg // ÖPNV U9, Haltestelle Frankfurt Riedberg und etwa 10 Minuten zu Fuß // Für alle Altersgruppen geeignet.

43_DIE KINDER-WERKSTATT

Die hammerschnelle Luftpost

WhatsApp, Snapchat, Threema – diese Wege der Kommunikation kennen Kinder und Jugendliche häufig besser als ihre Eltern. Aber was ist mit einer Seilpost? Einer Luftpost? Oder gar einem richtig oldschool handgeschriebenen Brief, der dann auch noch am Postschalter abgegeben wird? Diese Wege der Unterhaltung lernen Kids in der liebevoll gestalteten Kinderwerkstatt im Museum für Kommunikation kennen.

In dem hellen, offenen Raum im ersten Stock gibt es mehrere Kreativ-Stationen: Einen großen Tisch, an dem die Kids basteln, schneiden und malen können. Eine Druckwerkstatt, in der man sein eigenes Stempelkissen kreieren und testen kann. Sehr beliebt ist auch das Luftpost-Verschicken: Dazu schreiben oder malen die Kinder etwas auf einen Zettel, stecken ihn in eine Schatulle an der Wand, und per Knopfdruck saust dieser Brief durch ein Rohr die Decke entlang bis zum anderen Ende der Kinderwerkstatt. Das Kind, das dort steht, kann die Luftpost herausnehmen, öffnen und sich freuen.

An einer anderen Station werden selbst gestaltete Briefe an ein Seil gehängt und ebenfalls durch den Raum befördert. Es gibt noch die alten Festnetztelefone mit Wählscheibe, die auch noch funktionstüchtig sind – und bei denen man den Kindern erst mal erklären muss, wie sie funktionieren. Richtig klasse ist auch der kleine gelbe Postschalter: Mit passender Jacke und Mütze können die kleinen Museumsbesucher Postbeamter spielen.

> **TIPP:** Ganz in der Nähe, am Mainufer etwa Höhe Schaumainkai 70, treffen sich vor allem am Wochenende viele Hobby-Skater. Sie bauen ihre bunten Hütchen auf und schlängeln auf ihren Inlineskates um die Wette. Toll zum Zugucken!

Adresse Museum für Kommunikation, Schaumainkai 53, 60596 Frankfurt-Sachsenhausen // **ÖPNV** U-Bahn 1, 2, 3, 8, Haltestelle Schweizer Straße; Straßenbahn 15, 16, 19, Haltestelle Schweizer-/Gartenstraße und etwa 10 Minuten zu Fuß // **Öffnungszeiten** Di–Fr 10–18 Uhr, Sa, So 11–18 Uhr; die Kinderwerkstatt öffnet immer zur vollen Stunde für 60 Minuten und maximal 30 Kinder, Infos und Eintrittspreise unter www.mfk-frankfurt.de // Für Kinder ab vier Jahren.

44_DIE KLETTEREIER AN DER EZB

Der perfekte Blick auf die Skater-Anlage

»Papa, hast du das gesehen?!? Der Mann hat sich mit dem Fahrrad in der Luft gedreht!« Kinder sind fasziniert von dem, was sie auf der hubbeligen Skater-Anlage direkt neben dem pompösen Gebäude der Europäischen Zentralbank zu sehen bekommen: Jugendliche springen mit ihren Skateboards die Treppe hinunter, fliegen mit ihren BMX-Rädern durch die Luft. Hin und wieder prescht auch ein Kind mit seinem Roller die kleinen Steinhügel hinab. Offiziell ist die Anlage erst ab acht Jahren freigegeben und nur fortgeschrittenen Skatern und Bikern zu empfehlen.

Allen anderen macht aber schon das Zugucken Spaß – am besten von einem der drei großen »Kletter-Eier« aus: Gleich hinter der Anlage stehen drei riesige eiförmige Klettergerüste. Wer es schafft, sich mit Hilfe der schwarzen Seile bis ganz nach oben zu hangeln, nimmt in einer kleinen Schaukel Platz und genießt den Blick über die insgesamt 5.500 Quadratmeter große Anlage. Vor allem an warmen Sommerabenden ist hier ein unglaubliches Sportler-Treiben zu beobachten.

Neben dem Skater-Parcours gibt es mehrere abgetrennte Felder, um Fuß- und Basketball zu spielen, und zahlreiche Trimm-dich-Geräte: Besonders fitte Mamas und Papas balancieren über die Slackline, stützen sich auf dem Barren, ziehen sich an der Reckstange hoch, während ihre Kinder auf der ellenlangen Schaukel juchzen (genialer Schwung-Radius!). Zwischen den Sportgeräten gibt es viele grüne Wiesen. Zusammen mit dem Main, der im Hintergrund fließt, sorgen sie trotz des hohen Aktivitätsgrades für eine chillige Atmosphäre.

Adresse Mayfarthstraße, 60314 Frankfurt-Ostend // ÖPNV U 6, Straßenbahn 11, 14, Bus 31, 32, Haltestelle Ostbahnhof // Öffnungszeiten jederzeit // Für alle Altersklassen geeignet, wer schon klettern kann, hat besonders viel Spaß.

TIPP: An der Honsellbrücke, eine Fußminute entfernt, findet samstags 10–12 Uhr ein Seilspring-Workshop für die ganze Familie statt. Die Trainerin ist mehrfache Deutsche Meisterin im »Rope-Skipping«, alle Infos unter www.mirawaterkotte.com.

45_DAS KÖNIGS-BRÜNNCHEN

Nase zu und rein mit euch

Mitten im Stadtwald liegt ein kleiner Bach, der eine unglaubliche Anziehungskraft auf Kinderfüße hat. Das Besondere am Königsbrünnchen: Die Steine des Gewässers schimmern rotbraun, bedingt durch den hohen Gehalt an Eisenoxidhydrat im Wasser. Und noch etwas fällt kleinen und großen Besuchern auf: Es riecht hier leicht nach faulen Eiern, wofür der Schwefelwasserstoff im Wasser sorgt.

Um diese besondere Duftnote nicht mit nach Hause zu nehmen, sind Gummistiefel für einen Ausflug hierher eine gute Idee. Denn auch wenn im Bach einige Tritt-Steine liegen, auf denen man sich theoretisch trockenen Fußes über das Gewässer bewegen könnte – die meisten Kids landen irgendwann mit einem Fuß im Wasser.

Der Name Königsbrünnchen geht angeblich auf den früheren Frankenkönig Ludwig III. zurück. Der Sage nach kam er auf der Jagd hier vorbei und wurde vom leisen Plätschern des Brünnchens so rammdösig, dass er irgendwann einschlief. Im Traum erschien ihm seine Ehefrau, mit der er sich gelinde gesagt zerstritten hatte. Als er wieder aufwachte, versöhnte er sich mit ihr, und die zwei lebten glücklich bis ans Ende ihrer Tage.

Egal ob das Brünnchen tatsächlich so befriedende Wirkung hat oder nicht. Es ist auf jeden Fall einer der schönsten Plätze im Frankfurter Stadtwald, um eine Rast zu machen. Umringt von hohen Bäumen und Tischen zum Picknicken hat man mit der ganzen Familie eine entspannte Zeit.

Adresse Königsbrünnchen, Stoltzeschneise, 60598 Frankfurt-Sachsenhausen, Frankfurter Stadtwald // **ÖPNV** Straßenbahn 17, Halstestelle Oberschweinstiege und etwa 300 Meter zu Fuß // **Anfahrt** Parkplatz Oberschweinstiege // Für Kinder jeden Alters.

TIPP: Am nahe gelegenen Jacobiweiher steht in der Nähe der Brücke der sogenannte Eulenbaum. Hoch oben in seiner Krone sitzt eine hölzerne dicke Eule, die einen dicken Norweger-Pulli anhat.

46_DIE KUNTERBUNTE STRASSENBAHN

Brezeln-Knabbern und durch Frankfurt tuckern

Er ist der farbenfrohe Hingucker im Frankfurter Innenstadtverkehr: Der Ebbelwei-Express, zu Hochdeutsch Apfelwein-Express – eine rote, etwas altertümliche Straßenbahn, deren Außenwände mit den Frankfurter Wahrzeichen bunt bemalt sind. Zu sehen ist zum Beispiel ein riesiges Lebkuchen-Herz vom berühmten Frankfurter Weihnachtsmarkt, der Eiserne Steg ist in grellem Grün und Gelb, und auch Johann Wolfgang von Goethe wurde draufgemalt – der in Frankfurt geborene Dichter trägt einen gelben Hut und einen rosanen Mantel.

Im Inneren der Bahn ist es mindestens genauso unterhaltsam. Aus den Lautsprechern schallt traditionelle »Apfelweinmusik«, jeder kleine und große Fahrgast bekommt an seinen kleinen Tisch ein Getränk (Apfelwein, Apfelsaft oder Wasser) und eine Tüte Brezeln. Für Kids besonders spannend: Die Ticket-Kontrolleure stehen oft die ganze Fahrt hindurch in der Straßenbahntür – und die bleibt vor allem an heißen Sommertagen offen. Das sieht ganz schön abenteuerlich aus!

Die kunterbunte Straßenbahn ist im Halbstunden-Takt an Wochenenden und Feiertagen unterwegs. Die Tickets gibt's beim Fahrer, einsteigen ist überall möglich. Eine Fahrt führt in etwa einer Stunde einmal quer durch die Stadt: Vom Zoo über die Pauskirche und den Römer zum Südbahnhof und wieder zurück.

> **TIPP:** Wer mit Hunger am Südbahnhof aussteigt: In 500 Metern Entfernung, Mittlerer Hasenpfad 5, befindet sich das Kulturzentrum »Die Fabrik« – im Sommer ist der Restaurant-Hof abends und am Wochenende geöffnet. Sehr chillig (und direkt daneben ist auch ein Spielplatz).

Adresse Einsteigen ist überall an der Strecke möglich, zum Beispiel am Willy-Brandt-Platz, 60547 Frankfurt-Innenstadt // **ÖPNV** U 1, U 2, U 3, U 4, U 5, U 8, Straßenbahn 11, 12, 14, 18, Haltestelle Willy-Brandt-Platz // **Öffnungszeiten** Fahrzeiten unter www.vgf-ffm.de // Für Kinder ab drei Jahren – Hauptsache länger sitzen ist möglich.

47_DAS KÜRBISFELD

Wer findet den dicksten?

Kürbisse sind doch alle gleich: sie sind orange, werden maximal so groß wie ein Fußball und sind ausschließlich im Supermarkt zu kaufen … Nix da! Ein Besuch des Kürbisfeldes in Liederbach am Taunus,  dicht vor den Toren Frankfurts, räumt mit all dem Basiswissen auf, das viele Kinder (und Erwachsene) über dieses Fruchtgemüse haben.

Hier liegen Tausende Kürbisse in allen Größen wild verteilt und warten darauf, im Herbst geerntet zu werden. Also Schubkarre schnappen und los! Die Kids staunen, wie viele Kürbisfarben es gibt: knallgelbe sind dabei, weiße oder auch grün gepunktete. Auch sind bei Weitem nicht alle rund, es gibt Kürbisse, die sehen aus wie Flaschen, wie überdimensionierte Birnen oder wie große Blütenköpfe.

Super mitgedacht: Die Inhaber stellen professionelles Werkzeug zum Kürbis-Schnitzen bereit. Wer sich einen schönen großen Halloween-Kürbis gesichert hat, hievt ihn auf den Holztisch mitten im Kürbisfeld, höhlt ihn aus, sticht Augen und Mund aus. Wer Lust hat, kann ihn nachher noch bunt anmalen. Alles im Kürbis-Preis inklusive!

Eine Strohburg lädt auf dem Feld zum Toben und Herumspringen ein, nebenan auf der Weide grasen Pferde, etwa jede halbe Stunde fährt eine Bahn vorbei, die ihr Kommen mit einem dezenten Hupen ankündigt. Das ist echtes Landfeeling und ein tolles Ausflugsziel für Frankfurter Großstadtkinder.

Adresse Kürbisfeld Sonja Pfeiffer, Schmalkaldener Straße, 65835 Liederbach am Taunus // **ÖPNV** RB 12, Haltestelle Liederbach (Taunus)-Oberliederbach Liederbach Süd und 15 Minuten Fußweg die Hauptstraße entlang // **Anfahrt** besser über die A 66, das Feld liegt knapp hinter der Grenze zwischen Unterliederbach und Liederbach // **Öffnungszeiten** nach Helligkeit, die Kürbissaison beginnt in der Regel am letzten Augustwochenende, mehr Infos unter www.blumen-und-kuerbisfelder.de // Für alle Altersgruppen geeignet.

TIPP: Ganz in der Nähe gibt es mehrere Blumenfelder zum Selberpflücken.

48_DIE LEGOBAUSTELLE
Komm und bau mit!

Eine kleine Treppe führt hinab in den Raum, der kleine Lego-Fan-Herzen höherschlagen lässt. Auf einem großen Tisch stehen imposante Bauten aus Lego-Steinen, in stundenlanger Kleinarbeit von Kindern und Eltern zusammengesteckt.

Ein blauer Turm sticht besonders hervor, er ist schmal und mit gut zwei Metern das höchste Bauwerk. Neben ihm steht eine Art Roboter, weiße Legosteine für die Gesichtsfarbe, schwarze für Augen und Mund. Ein Gebäude in Gelb ist auf den ersten Blick nicht definierbar – ein Zettel darauf erklärt, dass es sich um einen »magischen Leuchtturm« handelt.

Die Legobaustelle im Deutschen Architekturmuseum öffnet immer in den Sommer- und Winterferien. Riesige Töpfe mit kleinen Legosteinen stehen farblich sortiert bereit – was auch erklärt, warum die Gebäude entweder rot ODER blau ODER gelb ODER schwarz-weiß sind und nie alles zusammen.

Manche Kinder lieben die Baustelle so sehr, dass sie in den Ferien täglich kommen. Jede Saison gibt es ein neues Motto: »Über den Main«, »Zwillingstürme« oder »Schräg, schräger, am schrägsten« – die besten Bauwerke kriegen einen Preis.

Gebaut wird an Tischen oder auf dem Boden. Das ist für Eltern zwar nicht das rückenschonendste Ferienprogramm, aber die Kids lieben es. Spätestens am Abend hört man als Elternteil den Klassiker: »Können wir da morgen noch mal hin?«

> **TIPP:** Bauen macht hungrig: Fünf Fußminuten entfernt in der Hans-Thoma-Straße 1 ist das »Erbgut«, wo auch Kinder-Schnitzel serviert werden.

Adresse Deutsches Architekturmuseum, Schaumainkai 43, 60596 Frankfurt-Sachsenhausen, www.dam-online.de // **ÖPNV** U1, U2, U3, U8, Haltestelle Schweizer Straße; Straßenbahn 15, 16, 19, Haltestelle Schweizer-/Gartenstraße und etwa 10 Minuten zu Fuß // **Öffnungszeiten** in den hessischen Sommer- und Winterferien Di–So 10–18 Uhr // Für Kinder ab vier Jahren.

49_DIE LESERATTEN-SITZSÄCKE

Buch schnappen und chillen

Das ist schon großartig, wo sich Frankfurter Kinder und Jugendliche überall Bücher ausleihen können: in Sossenheim, Rödelheim, Dornbusch, Sindlingen, Niederrad, Bockheim und so weiter. Insgesamt 18 Stadtbüchereien sind munter im Stadtgebiet verteilt, eine Mitgliedschaft ist für alle unter 18 kostenlos.

Die meisten Standorte haben zumindest eine Ecke für Kinder und Jugendliche. In Bornheim gibt es aber eine Bücherei, die sich ausschließlich den jungen Lesern und Gamern widmet. Die zentrale Kinder- und Jugendbibliothek hat zahlreiche tolle Angebote. Zum Beispiel die TeenLounge für alle ab zwölf: Neben neuen Büchern gibt es dort auch Manga-Comics, DVDs und Konsolen-Spiele. Herrlich sind dafür die Sitzgelegenheiten – blaue, gemütliche Sitzsäcke zum Chillen und Lesen.

Bücher für die kleineren Gäste gibt es natürlich auch, sie stehen in ebenerdigen Kisten bereit, damit auch alle herankommen. Auf einer Vorlese-Treppe mit knallgelben und -grünen Kissen können Eltern, Tagesmütter oder Großeltern mit dem Vortrag beginnen. Regelmäßig finden Vorlesetreffs auch auf Polnisch und Portugiesisch statt.

Es lohnt sich zudem, in den Veranstaltungskalender der Büchereien zu schauen: Ein regelmäßiges Highlight zum Beispiel ist die »LeseEule«, bei der Schauspieler des Schauspiels Frankfurt an ungewöhnlichen Orten wie dem US-Generalkonsulat oder dem Palmengarten vorlesen. Die sind schnell ausgebucht – flink sein lohnt sich!

Adresse KiBi – Zentrale Kinder- und Jugendbibliothek, Stadtbücherei Frankfurt am Main, Arnsburger Straße 24, 60385 Frankfurt-Bornheim // ÖPNV U 4, Bus 32, Haltestelle Höhenstraße // Öffnungszeiten Di – Fr 13 – 19 Uhr, Sa 10 – 14 Uhr, Terminkalender unter www.frankfurt.de // Für Kinder jeden Alters.

TIPP: Die Straße etwas weiter hoch, in der Arnsburger Straße 41, gibt es die Kinder-Küche, wo Kids, nach vorheriger Terminabsprache, mit ihren Freunden kochen und backen können.

50_DIE LIEBES-AMPEL

Verliebte Männer, verliebte Frauen

Wie lautet das Motto an jeder Fußgängerampel? »Bei Rot stehen, bei Grün gehen«, ist doch klar wie Kloßbrühe. An der Konstablerwache ist es jedoch nicht ganz leicht, diesem Leitspruch zu folgen. Wer Frankfurts größte Shopping-Meile Zeil hier überquert, ist erst einmal irritiert. Komisch, die Fußgängerampel sieht irgendwie anders aus!

Stimmt: Hier gibt es nicht das übliche stehende oder gehende Männchen – stattdessen regeln mehrere gleichgeschlechtliche Liebespaare den Fußgängerverkehr. Bei Rot halten sich zwei Männer im Arm oder zwei Frauen an der Hand. Bei Grün gehen die Pärchen gemeinsam, Hand in Hand. Damit klar ist, dass sie sich nicht zufällig berühren, schwebt ein Herz zwischen ihren Köpfen.

Bis vor einiger Zeit war die Liebes-Ampel an der »Konsti« eine vorübergehende Sache. Immer zum Christopher Street Day wurden die üblichen Ampelmännchen gegen die gleichgeschlechtlichen Paare ausgetauscht. Nach dem Fest wurde alles wieder rückgängig gemacht. Seit dem Sommer 2018 hängen sie für immer hier und reihen sich in die Riege besonderer Fußgängerampeln ein: Mainz hat seine Mainzelmännchenampel, Bremen seine Stadtmusikanten-Ampel, angelehnt an die Puppenkiste gibt es in Augsburg eine Kasperle-Ampel. Frankfurt hat nun die schwul-lesbischen Ampelpärchen. Nicht nur ein toller Hingucker, sondern auch ein schönes Zeichen für Weltoffenheit und Toleranz – Werte, die man Kindern nie früh genug beibringen kann.

TIPP: Jeden Donnerstag und Samstag ist an der Konstablerwache Hessens größter Bauernmarkt – Käse, Brot und Honig gibt's direkt vom Erzeuger. Kinder gut an die Hand nehmen (manchmal etwas wuselig) und los!

Adresse Konstablerwache, 60313 Frankfurt-Innenstadt // **ÖPNV** S1–S6, S8, S9, U4–U7, Straßenbahn 11, 12, 18 und Bus 30, 36, Haltestelle Konstablerwache // Wenn gut festgehalten (Verkehr!) für Kids ab circa drei Jahren sinnvoll.

51_ DIE LUSTIGEN HOCHSITZE

Endlich mal größer als Erwachsene!

Das ist schon ein schweres Los, nur so groß zu sein wie ein laufender Meter. Man erreicht keinen Wasserhahn und den Papierhandtuch-Halter schon gar nicht, man kann beim Straße-Überqueren nicht über parkende Autos hinwegschauen, und die Knöpfe im Fahrstuhl kriegt man nur gedrückt, wenn einen irgendjemand hochhebt. Blöd!

In der Obermainanlage in der Frankfurter City können Kinder dieses Dilemma einfach mal vergessen. In dem Grünstreifen in der Nähe der Innenstadt stehen mehrere lustige Hochsitze, auf die sie hochklettern und in luftiger Höhe Platz nehmen können. Nun sind die Kids ganze zwei Meter groß, könnten den Erwachsenen also auf den Kopf spucken. Theoretisch natürlich nur, die meisten genießen einfach die Aussicht – und tun das, was beim Abendbrot zu Hause unmöglich erscheint: lange still sitzen.

Rings um die Hochsitze gibt es einige Spielgeräte: eine Eisenbahn für die ganz Kleinen, ein großes Klettergerüst, Schaukeln und einen eingezäunten Bolzplatz – viele Familien kommen für eine Auszeit nach dem Shoppen auf der Zeil hierher. Manche verbinden den Ausflug mit einem Abstecher zum Rechneigrabenweiher nebenan. Dort gibt es einen großen Springbrunnen, Enten und Kirschbäume, die für einige Wochen im Jahr zum optischen Highlight der Stadt werden. Wer im April, zur Kirschblüten-Zeit, hier entlanggeht, ist geflasht von diesen wunderschönen rosafarbenen Blütenblättern. Schade, dass sie bald wieder abfallen.

Adresse Obermainanlage, 60314 Frankfurt-Innenstadt // **ÖPNV** Straßenbahn 11, 14, Haltestelle Allerheiligentor // Für alle Altersklassen geeignet, Kids ab vier Jahren sitzen auf den Hochsitzen vermutlich am sichersten.

TIPP: Für den Hunger danach 500 Meter Richtung Main pilgern. In der Oskar-von-Miller-Straße 1 ist Jamy's Burger. Hier gibt's vier verschiedene Pommes-Sorten und hausgemachte Limo.

52_ DAS MAINÄPPELHAUS

Ein Paradies für kleine Naturfreunde

Von wegen Frankfurt hat keine Berge! Wir haben doch den wunderbaren Lohrberg, immerhin 185 Meter hoch und so schön, dass sogar Gedichte über ihn geschrieben wurden. Von oben gibt es einen herrlich weiten Blick über Frankfurt und das benachbarte Offenbach. Es ist ruhig und idyllisch. Kein Autoverkehr, nur Wiesen, Weinreben, ein toller Wasserspielplatz und jede Menge Apfelbäume.

Für Familien besonders schön ist der Bereich rund um das sogenannte »MainÄppelHaus«, etwas versteckt im hinteren Bereich des Frankfurter Hausberges. Das gemeinnützige Zentrum hat sich zur Aufgabe gemacht, den Lebensraum der Äpfel, die Streuobstwiesen, zu erhalten, und bietet eine Fülle an Veranstaltungen für Kinder und Jugendliche an. Es gibt Kurse über Bienen, Birnen, Schnecken und vieles mehr. Die Kids lernen ihren eigenen Apfelsaft herzustellen. Sie erfahren, welche Kräuter heilende Wirkung haben, und sie gehen auf nächtliche Fledermaustour – für alles bitte vorher anmelden.

Aber auch spontanes Vorbeikommen ist gewünscht. Wer mag, flitzt unter Apfelbäumen über das Gelände und schlendert durch den Naturerlebnisgarten. Wer vorher im Hofladen Bescheid gibt, darf auf bestimmten Ernteflächen selbst pflücken. Im Bistro gibt es hausgemachten Apfelsaft oder -wein. Während die Eltern den sauer gespritzten Äppler genießen, buddeln die Kids in der großen Sandkiste auf dem Spielplatz des MainÄppelHauses.

Adresse MainÄppelHaus Lohrberg Streuobstzentrum e.V., Klingenweg 90, 60389 Frankfurt-Seckbach // Anfahrt aufgrund langer Laufstrecke empfehlen wir die Anreise mit dem Auto zum öffentlichen Lohrberg-Parkplatz (Friedrich-Heyer-Weg) // Öffnungszeiten April – Okt. Hofladen, Bistro, Naturerlebnisgarten Di – So 11 – 18 Uhr, im Winter andere Öffnungszeiten, siehe www.mainaeppelhauslohrberg.de // Ist für alle Kinder schön, manche Veranstaltungen haben Altersvorgaben.

53_DER MATSCH-SPIELPLATZ

Wasser marsch auf Knopfdruck

Dieser Ort ist schon fast ein Muss für jedes Frankfurter Kind. Schließlich stand hier über Jahrzehnte der berühmte Goetheturm, mit 43 Metern einer der höchsten hölzernen Aussichtstürme in Deutschland. In der Nacht zum 12. Oktober 2017 wurde er angezündet und brannte lichterloh ab. Viele Frankfurter Bürgerinnen und Bürger haben daraufhin bittere Tränen vergossen und Hunderttausende Euro gesammelt, um einen Nachfolgeturm bauen zu lassen.

Gute 50 Meter hinter diesem geschichtsträchtigen Fleck befand sich über viele Jahre ein kleines Wasserbecken. Wegen zahlreicher technischer Defekte hat jedoch kaum ein Kind je Wasser darin gesehen, und so wurde das leere Betonbecken maximal zum Ticken-, Fangen- oder Fußballspielen genutzt.

Das hat sich nun geändert: Die Stadt hat viel Geld in die Hand genommen, das Areal umgebaut und einen sehr schönen Matschspielplatz erschaffen. Sobald auf einem kleinen Sockel der große rote Knopf gedrückt wird, schießt einem eisernen Fisch (das einzige sichtbare Überbleibsel des alten Wasserbeckens) im hohen Bogen Wasser aus dem Maul – und die Patscherei kann losgehen.

Das Gelände ist abschüssig, und so fließt das Wasser in mehreren Bahnen den sandigen Hügel hinab und kann von den Kids mit Hilfe von Schleusen verlangsamt oder beschleunigt werden. Das Tolle: Der Matschspielplatz ist das ganze Jahr über nutzbar! In den kälteren Monaten des Jahres sollte das aber idealerweise mit Gummistiefeln und Matschhose passieren, das Wasser ist wirklich kalt!

> **TIPP:** Ab Ende November gibt es hier einen der gemütlichsten und entspanntesten Weihnachtsmärkte der Stadt: der Weihnachtsmarkt am (ehemaligen) Goetheturm.

Adresse Waldspielpark Goetheturm, Sachsenhäuser Landwehrweg, 60599 Frankfurt-Sachsenhausen // **ÖPNV** Bus 48, Haltestelle Goetheturm // Für Kinder jeden Alters geeignet.

54_DIE MEGA-SEIFENBLASE

Und ihr mittendrin

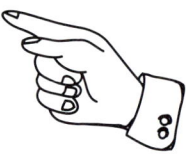

»Vorsicht, nicht anfassen!« Diese Warnung hören Kinder in einer Tour. Im Experiminta-Museum in der Nähe der Frankfurter Messe gilt genau das Gegenteil: Anfassen und Ausprobieren ist erwünscht, 130 kindgerechte Mitmach-Stationen aus den Bereichen Mathematik, Informatik, Naturwissenschaft und Technik stehen bereit.

Auf vier Etagen darf gezogen, gewogen und gestaunt werden. So wird zum Beispiel das Phänomen des Flaschenzuges mit Hilfe dreier Sitze deutlich gemacht, die an einem Seil von der Decke hängen. Die Kids können sich draufsetzen und mit eigener Kraft am Seil hochziehen. Die Erkenntnis: Der Sitz, dessen Seil über drei Spulen geführt wird, geht »babyeinfach«, der mit nur einer Spule ist schon schwerer, und der Sitz ohne Flaschenzug ist praktisch nicht zu schaffen.

Für Kinder immer wieder herrlich sind Spiegel, und davon gibt es hier genug. Plötzlich erscheint man Hunderte Male im Spiegelbild und die anderen Kinder ja auch! Mal sieht man dick und rund aus, mal spindeldürr, mal bekommt man eine ellenlange Zunge. Das Highlight befindet sich jedoch im dritten Stock: die riesengroße Seifenblasen-Maschine. Die erfordert eine Menge Geschick, aber sobald man den Dreh raushat und zum ersten Mal in einer Seifenblase steht, geht ein lautes »Woooow« durch den Raum.

Im Museum gibt es einen kleinen Kiosk und eine extra Spielecke für die allerkleinsten Besucher. Toll ist auch, dass zu bestimmten Zeiten (siehe Aushang) Vorführungen stattfinden. Dazu gehört zum Beispiel das Erkunden des sogenannten Teufelsrades im Keller des Museums.

TIPP: Um die Ecke vor dem Messeturm steht der »Hammering Man«, die 21 Meter hohe Skulptur eines Mannes, der ununterbrochen einen Hammer schlägt. Finden Kinder toll!

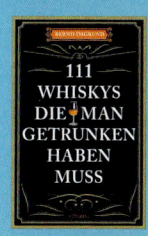

emons:
Entdecken fängt zu Hause an

111 DRINKS DIE MAN GETRUNKEN HABEN MUSS

ISBN 978-3-7408-0242-4

ISBN 978-3-7408-0571-5

ISBN 978-3-7408-0618-7

ISBN 978-3-95451-465-6

ISBN 978-3-95451-414-4

ISBN 978-3-95451-861-6

FÜR 16,95 €
(A) 17,50 €

ISBN 978-3-7408-0338-4

ISBN 978-3-7408-0567-8

ISBN 978-3-95451-922-4

Adresse Experiminta Museum, Hamburger Allee 22–24, 60486 Frankfurt-Westend, www.experiminta.de, barrierefrei // **ÖPNV** U 4, Haltestelle Festhalle/Messe; Straßenbahn 16, 17, Haltestelle Varrentrappstraße // **Anfahrt** rechts neben dem Museum gibt es einen kleinen Parkplatz (kostenpflichtig) // **Öffnungszeiten** Mo 9–14 Uhr (in den Ferien 9–18 Uhr), Di–Fr 9–18 Uhr, Sa, So 10–18 Uhr // Für alle Altersgruppen – je älter, desto höher der »Lerneffekt«.

55_DER MINI-BAHNHOF
Die Vitrine zum Nase-Plattdrücken

Der Frankfurter Hauptbahnhof ist laut, hektisch und voll. In Hochzeiten hetzen 500.000 Menschen am Tag durch die Bahnhofshallen, und man ist schon als Erwachsener froh, wenn man in dem wilden Treiben den Überblick nicht verliert.

Es gibt aber einen Ort, wo es nicht ganz so wuselig ist. Wo Eltern und Kinder durchschnaufen können und wo man in ruhigen Zeiten (zur Mittagszeit oder am Wochenende) Papas trifft, die extra mit ihren Kids in den Hauptbahnhof gekommen sind: am kleinen Modell-Bahnhof kurz vor dem Ausgang Süd. An dieser Vitrine drücken sich Kids die Nase platt, spielen »Ich seh was, was du nicht siehst« und staunen über den Bahnhof in Miniaturformat. Hier gibt es Züge in allen Varianten: schnelle ICEs, verschiedene Personenzüge, und sogar ein kleiner alter D-Zug steht auf den Gleisen. Es blinkt an allen Ecken und Enden zwischen Feuerwehrautos, Traktoren, Windrädern und kleinen menschlichen Figuren. Alles leicht angestaubt, aber das stört Kids ja bekanntlich weniger.

Gegen Geld kann man die Züge ein paar Runden fahren lassen, die meisten Kinder sind aber schon beim Hingucken happy. Im Idealfall wird das Nase-Plattdrücken von Klaviermusik begleitet. Direkt neben der kleinen Bahn-Vitrine steht das »Klavier für alle«. Wer mag, setzt sich hin und widmet den Frankfurter Passagieren ein Ständchen. Eltern erfreuen sich an dem halligen Klang, Kindern imponiert eher die Optik: Das Klavier ist so angestrichen, dass es wie eine Wassermelone aussieht.

TIPP: Drei Fußminuten entfernt ist das italienische Restaurant Punto Pasta in der Ottostraße 4 – die Pizza ist unschlagbar knusprig und der Besitzer sehr kinderfreundlich.

Adresse im Hauptbahnhof, 60329 Frankfurt // **ÖPNV** S-Bahn, U-Bahn, Straßenbahn und Busse fahren hierher // **Öffnungszeiten** jederzeit // Für jedes Alter geeignet.

56_ DIE MINI-SCHIRN

Weil nur Bilder gucken langweilig ist

Kinder und Kunstausstellungen – das passt in etwa so zusammen wie Kinder und lange still sitzen, wie Kinder und sonntags lange schlafen oder wie Kinder und gute Laune beim Haarewaschen. Wer schon einmal den Versuch unternommen hat, mit Kids ins Museum zu gehen, der weiß: Das geht ziemlich sicher in die Hose. Die Kids langweilen sich, weil sie nichts anfassen dürfen, die Eltern sind genervt, weil sie die ständige Nörgelei ertragen müssen.

Die Schirn Kunsthalle hat dieses Familien-Dilemma erkannt und sensationelle Abhilfe geschaffen: Die Eltern gehen allein in die Ausstellung, die Kids besuchen die Mini-Schirn. Eine Kinderbetreuung, die schon architektonisch alles toppt. Die Räumlichkeiten sehen aus wie ein riesiges Baumhaus, in das man mit einer Rutsche hereinrutscht. Es gibt mehrere Zimmer, die Wände sind weiß, Spiegel und Discokugeln blitzen von den Wänden und der Decke.

Ganz im Sinne eines Kunsthauses soll hier natürlich die Kreativität der Mini-Schirn-Besucher angeregt werden. Aus großen grünen Dreiecken bauen die Kids ein eigenes Gebäude, sie stecken sich aus Styropor eine Kugelbahn zusammen, experimentieren per Knopfdruck mit Licht und Schatten. Und damit auch der Bewegungsdrang gestillt wird, gibt es große rote Bälle zum Drauf-Rumhopsen und eine Kletterwand, die man sich mit Schaumstoff-Schlangen selbst zusammensteckt.

> **TIPP:** Zehn Minuten entfernt, an der Schönen Aussicht, befindet sich einer der besten Plätze, um mit Kids im Frühjahr den Frankfurter Karnevalsumzug zu bewundern. Hier drehen die Wagen nämlich um, und die Narren schmeißen noch mal richtig viel Kamelle runter.

Adresse Schirn Kunsthalle Frankfurt, Römerberg 6, 60311 Frankfurt-Altstadt, barrierefrei // **ÖPNV** U 4, U 5, Haltestelle Dom/Römer; Straßenbahn 11, 12, Haltestelle Römer/Paulskirche; Bus 36, Haltestelle Schöne Aussicht // **Öffnungszeiten** Di, Fr–So 10–19 Uhr, Mi, Do 10–22 Uhr, der Besuch der Mini-Schirn ist auf 90 Minuten begrenzt // Für Kinder von drei bis acht Jahren.

57_ DER MITMACH-ZIRKUS

Einradfahren mit Clownsnase

Die stählerne Eingangstür sieht aus wie ein schöner blauer Schmetterling, darauf ein Schild mit der Hausnummer 79z. Ein leichtes Kribbeln kommt auf, wenn Kinder das Gelände des Mitmach-Zirkus Zarakali im Stadtteil Dornbusch betreten. Das Terrain ist weitläufig, zahlreiche Wohnwagen stehen kreuz und quer, sie sind blau angestrichen und mit silbernen Sternen verziert. Autoreifen liegen am Wegesrand, es türmen sich Holzpaletten, Bobbycars, und Schubkarren liegen im Gebüsch. Hier herrscht eine ganz besondere Atmosphäre. Ein bisschen Bullerbü, ein bisschen Märchenwelt, ein bisschen Mini-Woodstock.

In der Mitte steht das Herzstück der Anlage, das große weiße Zirkuszelt. Mit dem Ginnheimer Spargel im Hintergrund, dem Frankfurter Fernmeldeturm, ist es die perfekte Fotokulisse. Im Zelt finden jeden Tag mehrere Trainings statt, in festen Gruppen lernen die Kinder, auf Stelzen zu laufen oder an Trapez und Seil zu turnen, oft auch in integrativen Gruppen.

Am Freitagnachmittag dürfen alle Kinder kommen – dann ist offenes Training für alle ab sechs Jahren, bis zu 35 Kinder werden über zwei Stunden ans Jonglieren herangeführt, ans Einradfahren und vieles mehr. Das Training ist kostenlos, eine Spende wird erbeten. An Samstagen kann man hier auch Kindergeburtstage feiern. Je nach Budget beinhalten diese einen gedeckten Geburtstagstisch und ein zweieinhalbstündiges Zirkustraining. Das ist nicht ganz billig, wird aber garantiert ein unvergesslicher Kindergeburtstag!

Adresse Kinder- und Jugendzirkus Zarakali, Platenstraße 79z, 60431 Frankfurt-Dornbusch, www.zarakali.de // ÖPNV U1, U2, U3, U9, Bus 34, 64, Haltestelle Dornbusch und 15 Minuten Fußweg // Öffnungszeiten offenes Training Fr 16–18 Uhr // Für Kinder ab sechs Jahren.

TIPP: Trainieren macht hungrig: In zehn Minuten Fußmarsch Entfernung ist Pizza Hut am Dornbusch 31.

58_ MR. WASH
Du in der Autowaschanlage

Die Windschutzscheibe wird plötzlich weiß, unter lautem Getöse wird ein Schaum daraufgespritzt. Gleiches passiert auf den Seitenfenstern und der Heckscheibe, alles voller Schaum mit kleinen Blubberblasen drin. Im Auto wird es dunkel. Die Spannung steigt!

So beginnt die Auto-Außenwäsche bei Mr. Wash in Frankfurt-Fechenheim, eine der größten Autowaschanlagen Deutschlands. Eltern und Kinder dürfen während der Reinigung im Wagen sitzen bleiben. Nettes Gimmick: Schon beim Einfahren gibt's vom Mitarbeiter am Schalter für die Kids ein Tütchen Gummibärchen. Das zu verputzen gelingt aber erst NACH dem großen Reinemachen, schließlich steht der Kindermund nun erst einmal offen.

Der Aktiv-Schaum wird langsam weggewischt. Lange, schlabberige Putzfäden, die von der Decke hängen, walzen sich über die Windschutzscheibe. An den Seiten übernehmen das riesige blaue Bürsten, sie drehen sich in rasender Geschwindigkeit, donnern lautstark an den Fenstern der Kids vorbei. Mehrere Wasserstrahler spritzen das Auto sauber, bevor es in die abschließende Heißluft-Trocknung geht.

Fast ein bisschen schade, dass die Autowäsche hier so gut durchgetaktet und damit innerhalb weniger Minuten erledigt ist. Aber zum Glück gibt es ja noch die Innenreinigung mit einem schier unfassbaren Arsenal an Handstaubsaugern. Da kann man Papa oder Mama wunderbar zur Hand gehen und all die Dinge wiederentdecken, die im Laufe der Zeit in die Ritzen zwischen die Autositze gerutscht sind. Oder einfach nur zugucken und dabei endlich die Gummibärchen genießen.

Adresse Mr. Wash, Hanauer Landstraße 419, 60314 Frankfurt-Fechenheim // **Öffnungszeiten** Mo–Sa 8–18 Uhr // Frühestens für Kinder ab vier Jahren, da für die Kleineren auch ein bisschen unheimlich.

59_DIE NEONGRÜNE DREHSCHEIBE

Drehwurm im Holzhausen-Park

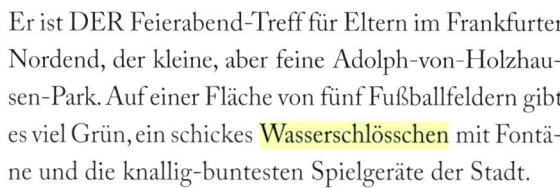

Er ist DER Feierabend-Treff für Eltern im Frankfurter Nordend, der kleine, aber feine Adolph-von-Holzhausen-Park. Auf einer Fläche von fünf Fußballfeldern gibt es viel Grün, ein schickes Wasserschlösschen mit Fontäne und die knallig-buntesten Spielgeräte der Stadt.

2018 wurde der Spielplatz im Park grunderneuert. Nun ist das Klettergerüst blau, grün und türkis, die Spiel-Häuschen sind rot und die beliebten Korbschaukeln blau. Die Geschwister Lauand und Loraine, fünf und zehn Jahre alt, kommen aus dem Süden der Stadt. Sie sind das erste Mal hier und finden es »supercool«. Ihr Highlight: die neongrüne Drehscheibe, die schon von Weitem leuchtet und auf der man einen wunderbaren Drehwurm bekommt.

Selbst die Zäune sind farbenfroh, sie wurden von den Kindern im Stadtteil mitgestaltet und von Dritt- und Viertklässlern angemalt. Mit ihrer Hilfe sollen die jungen Bäume und Sträucher im Park besser geschützt werden. Krokodile, Flamingos, Asterix und Obelix schauen nun zu, wenn sich die großen Spielplatzbesucher von Seil zu Seil hangeln und die kleinen am Wasserspielplatz vor sich hin matschen.

Auch beim Rasen hat man sich einen Schutzmechanismus überlegt und Bodenwellen eingebaut. Das sind Hügel, die vom Fußballspielen abhalten sollen. Das klingt ein wenig nach Spaßbremse, doch in den vergangenen Jahren wurde das Gras von Hobby-Kickern arg in Mitleidenschaft gezogen. Ein kleines Café im Park ist täglich von 11 bis 21 Uhr geöffnet.

TIPP: Etwa zehn Fußminuten entfernt sind gleich zwei Eiscafés: Olimpio im Oeder Weg 58 oder Eis Christina in der Eckenheimer Landstraße 78.

Adresse Adolph-von-Holzhausen-Park, Justinianstraße Ecke Holzhausenstraße, 60322 Frankfurt-Nordend // **ÖPNV** Bus 36, Haltestelle Holzhausen-Park // Für Kids jeden Alters.

60_DIE NEUE ALTE STADT

An jeder Ecke etwas zum Staunen

In Kinderohren passt der Begriff »Altstadt« natürlich gar nicht. Schließlich ist dieser Teil der Frankfurter Innenstadt nagelneu, die Bürgersteige fast noch blitzeblank, die Häuserfassaden frei von Graffiti. Klar, die Altstadt wurde erst 2018 fertiggestellt und mit viel Brimborium eingeweiht – ein Teil ihrer Gebäude ist aber eben in dem Stil nachgebaut worden, der bis vor 70 Jahren an dieser Stelle angesagt war. Einige Hauswände sind mit Holzschnitzereien aufwendig dekoriert, andere im Fachwerkhausstil gehalten.

Super für Kids: Hier fährt kein einziges Auto. Das Quartier zwischen Dom und Römer ist für Fußgänger reserviert, das entspannt einen Spaziergang enorm. An jeder Ecke gibt es etwas zu staunen, und Eltern bereiten sich besser auf die garantiert kommenden Fragen vor: Zu wem gehört der Arm, der in luftiger Höhe an einer Häuserwand eine goldene Waage hält? Warum hat der Kunstverein eine platt gedrückte Zahnpasta-Tube auf dem Dach? Wie kommen die Weintrauben in die Häuserwand hinein? Warum heißt der Hinterhof mit der hölzernen Veranda »Goldenes Lämmchen«? Bei einem Rundgang durch das kleinste Viertel der Stadt, in dem gerade mal 200 Menschen wohnen, kann die ganze Familie etwas lernen.

Am Wochenende wird es besonders lebhaft, dann kommen zahlreiche Straßenmusikanten in die Altstadt. Für Kids jede Menge Möglichkeiten, eine Münze in die aufgestellten Boxen zu werfen. Super ist auch, dass das Struwwelpeter-Museum hier hingezogen ist.

TIPP: Im Anschluss an den Rundgang erst mal eine Pause: mit einem Frozen Yogurt im Eiscafé Da Vinci am Römerberg 13.

Adresse Markt, 60311 Frankfurt-Altstadt // **ÖPNV** U 4, U 5, Haltestelle Dom/Römer; Straßenbahn 11, 12, Haltestelle Römer/Paulskirche // Eine Runde drehen geht mit Kids jeden Alters.

61_DER NIDDASTRAND

Buddeln und Pferde gucken

Wie toll, eine Strandbar mitten in Frankfurt! Feiner weißer Sand, Liegestühle, Sonnenschirme und drum herum Wiesen und Vogelgezwitscher. Der Niddastrand im Stadtteil Nied ist eine Wohlfühl-Oase, in der Eltern sich zurücklehnen und Kids nach Lust und Laune buddeln können. Es gibt einen kleinen Spielplatz mit Rutsche und Trampolin, Eimerchen und jede Menge Sandspielzeug. An heißen Tagen wird ein großes Planschbecken aufgebaut.

Der eigentliche Hingucker befindet sich aber auf der Koppel gegenüber: Dort galoppieren Pferde übers Feld, ihre Reiter schwingen lange Stöcke. Sie versuchen, irgendetwas auf dem Boden zu schlagen – und der Schweif ihres Pferdes sieht aus wie ein geflochtener Zopf!

Viele Kids kommen hier zum ersten Mal mit der Sportart Polo in Kontakt. Der Poloclub Hessen hat hier einen großen Stall, die Trainingseinheiten finden auf dem Feld des Georgshofes statt. Die meisten Kinder und Jugendliche wollen gar nicht mehr vom Zaun weg und freuen sich wie Bolle, wenn ein Pferd an ihnen vorbei zurück in den Stall geführt wird. An den Pferdeboxen steht zwar überall »anfassen und füttern verboten«, aber zugucken ist schon toll genug.

Zurück in der Strandbar gibt's ein Waffeleis, und abends wird gegrillt. Und auch wenn der Name anderes vermuten lässt: Der Fluss Nidda ist von hier überhaupt nicht zu sehen, er fließt in gut 200 Metern Entfernung – was es für viele Eltern NOCH entspannter macht.

Adresse Niddastrand, Oeserstraße 80, 65934 Frankfurt-Nied // ÖPNV S 1, S 2, Haltestelle Frankfurt Nied Bahnhof, anschließend Bus 59, Haltestelle Nidda Kampfbahn und der Beschilderung folgen, etwa 10 Minuten zu Fuß // Anfahrt ab Oeserstraße der Beschilderung folgen, Parkplätze kurz vor der Reithalle // Öffnungszeiten Saisonbeginn unter www.niddastrand.de // Für Kids jeden Alters.

TIPP: Das Erlebnisbad Rebstockbad ist keine zehn Minuten Autofahrt entfernt, es hat einen Innen- und Außenbereich und ist für alle Kinder unter 15 kostenlos.

62_ DER OPERNPLATZ-BRUNNEN

Ahoi, kleine Seefahrer!

Der Brunnen auf dem Opernplatz ist das ganze Jahr über ein Magnet für Kinder. Mit seinen 17 Quadratmetern Durchmesser und dem flachen Wasser darin ist das Becken optimal zum Planschen. Im Sommer lohnt sich ein Besuch aber ganz besonders: Dann verwandelt sich der Lucae-Brunnen (benannt nach dem Architekten, der ihn im 19. Jahrhundert entworfen hat) in ein Paradies für kleine Seefahrer. Im Rahmen der sogenannten Opernspiele werden zwei Wochen lang kleine Boote und Luftreifen in den Brunnen gelassen. Die Kids drehen ihre Runden, kreischen wie verrückt, sobald sie zu dicht in Richtung »Wasserfall« steuern, und winken den Mamas und Papas zu, die am Rand stehen und Fotos machen.

Die Kids sind im Brunnen und drum herum über mehrere Stunden optimal beschäftigt, der Organisator »Abenteuerspielpatz Riederwald« fährt alles auf, was sein Sortiment hergibt: Hüpfburgen für alle Altersklassen, Kistenstapeln, Seifenkistenrennen, Kletterwände, Kinderschminken. Viele Kinder lieben auch die Stände, in denen man malen, basteln und sein T-Shirt bedrucken lassen kann.

Eine interessante Fotokulisse ergibt sich zudem im hinteren Teil der Opernspiele. Dort stehen zwei meterhohe Bälle, mit Hilfe darübergespannter Netze können die Kids hinaufklettern. Direkt hinter ihnen befinden sich die zwei riesigen silbernen Türme der Deutschen Bank, einem Wahrzeichen der Frankfurter Skyline.

Adresse Opernplatz, 60313 Frankfurt-Innenstadt // **ÖPNV** U 6, U 7, Bus 64, Haltestelle Alte Oper // **Öffnungszeiten** Datum Opernspiele siehe www.abenteuerspielplatz.de // Für Kinder jeden Alters.

TIPP: Im Anschluss ein Eis auf der »Fressgass« – da gibt es auch die »dicke Tante«, eine steinerne Figur, auf der Kids gern herumklettern.

63_DIE ORANGERIE

Der schönste Kleinkind-Treff der Stadt

Eltern mit kleinen Kindern kennen das Dilemma: Wo soll man mit den Mäusen hin? Für richtige Ausflüge sind sie noch zu klein, im Café können sie keine zwei Minuten still sitzen. Wo also ungestört spielen lassen, wo können sie klettern, schaukeln, alles anfassen und laut sein, ohne dass sich andere Mitmenschen gestört fühlen?

Unser Tipp: der Eltern-Kind-Treff »Blauer Elefant« des deutschen Kinderschutzbundes am Günthersburgpark. Hier können Eltern mit ihren Kids bis drei Jahre jeden Vormittag und einmal in der Woche auch am Nachmittag hinkommen. Der Treff ist zwanglos, kostenlos und wird von ehrenamtlichen Mitarbeitern betreut.

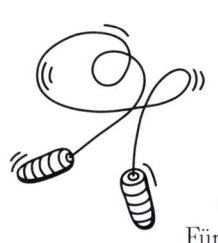

Die Kids sind sofort begeistert, setzen sich aufs Schaukelpferd oder fahren mit dem Bobbycar den langen Flur entlang, schnappen sich Puppen, Autos, Bücher. Die Spielzeuge sind vielfältig und sehr gepflegt. Es gibt kleine Rutschen und Parcours für die ersten Klettermanöver. Für die Allerkleinsten gibt es einen Bereich, der mit einem Gitter extra abgetrennt ist. So können die kleinen Würmchen auf dem Boden kullern, ohne dass sie herunterfallen oder irgendwo gegenstoßen. Ein gutes Gefühl für alle frischen Eltern!

Mit der Orangerie findet der Treff in einer phantastischen Location statt. Geschwungene Decken, ein wenig gewölbeartig und trotzdem sehr gemütlich. Im hinteren Bereich gibt es eine Theke mit Kaffee und belegten Brötchen, für die eine Spende erbeten wird.

> Adresse Orangerie, Comeniusstraße 39, 60389 Frankfurt-Nordend, www.kinderschutzbundfrankfurt.de // ÖPNV U 4, Haltestelle Bornheim Mitte; Straßenbahn 12, Haltestelle Burgstraße; Bus 34, 38, 43, Haltestelle Usinger Straße // Öffnungszeiten Mo–Fr 9.30–13 Uhr, Di 15–17 Uhr, am 1. Freitag des Monats geschlossen // Für Kinder von null bis drei Jahren.

64_ DER PALMEN-EXPRESS

Eine blumige Fahrt mit der süßen Eisenbahn

Ein leises Rattern verrät, dass er gleich angefahren kommt: der Palmen-Express, eine kleine grüne Eisenbahn, die in regelmäßigen Abständen von einem Ende des Palmengartens zum anderen fährt. Wer eine Runde mitdrehen möchte, steigt an einer der zwei Haltestellen zu, nimmt im Waggon auf den hölzernen Bänken Platz und wartet, bis der Schaffner persönlich vorbeikommt und das Ticket verkauft.

Mit einem leichten Ruckeln beginnt die gut sechsminütige Fahrt über die wunderschöne Gartenanlage. Es geht durch den blühenden Rhododendrongarten, vorbei an riesigen Grünflächen und imposanten Springbrunnen und durch das Astgewirr von Bäumen hindurch.

Für Kids toll: Der Palmen-Express verbindet die beiden Spielplätze der Anlage miteinander. An der Haltestelle »Bahnhof«, dem Depot, ist der sogenannte »kleine Spielplatz« mit Kletter-Flugzeug und einem See zum Tretboot-Fahren direkt gegenüber. Die Haltestelle »Spielwiese« ist vor allem im Sommer beliebt, hier befinden sich ein sehr schöner Wasserspielplatz und ein kleiner Kiosk.

Der Palmengarten ist eine der größten Parkanlagen Deutschlands. 22 Hektar, umgerechnet sind das 30 Fußballfelder, auf denen sich Kinder viel Auslauf holen und an jeder Ecke etwas Tolles entdecken. Für großes Staunen sorgt zum Beispiel die riesige Trauerweide. Schiebt man ihre herunterhängenden Äste vorsichtig zur Seite, kann man quasi in sie hineinlaufen.

Adresse Palmengarten, Siesmayerstraße 61, 60323 Frankfurt-Westend // **ÖPNV** U 4, Haltestelle Bockenheimer Warte // **Öffnungszeiten** Feb.–Okt. täglich 9–18 Uhr, Nov.–Jan. täglich 9–16 Uhr, Fahrzeiten des Palmenexpresses immer aktuell auf www.palmen-express.de // Für Kinder jeden Alters geeignet.

65_DIE PILZTOUR

Achtung, nicht verwechseln!

Was sind das für komische wabbelige Dinger, die aus einem Baumstamm herauswachsen? Wieso haben manche Äste, die im Wald auf dem Boden liegen, einen braunen Belag? Und welche Pilze in den Wäldern in und um Frankfurt kann man essen?

Dietmar Krüger kann all diese Fragen beantworten – er ist Pilzlehrer, führt kleine und große Gruppen durch das Waldgebiet ihrer Wahl. Seine Touren sind so spannend und unterhaltsam, dass er sogar für Fernsehinterviews gebucht wird. Es gibt viel zu lernen und zu lachen, für Kids wird ein »normaler« Waldspaziergang zum Erlebnis. Davon erzählen sie am nächsten Tag ganz sicher in der Schule!

Sie erfahren, dass der Wald im Grunde voller Pilze ist, nur sehen eben nicht alle aus wie Champignons aus dem Supermarkt. Besonders häufig ist zum Beispiel der Schichtpilz, der sich wie ein Belag um einen toten Baumstamm legt und ihn damit zersetzt. Manche Pilze haben sich sogar in abgestorbenen Ästen ausgebreitet und werden erst sichtbar, wenn Dietmar Krüger vorsichtig die Rinde aufbricht. Sehen diese langen dünnen »Pilzarme« komisch aus!

Was viele nicht wissen: In den Frankfurter Wäldern gibt es mehrere Pilzarten, die man essen kann. Wer bei der Tour genau hinguckt, findet manchmal kleine Bissspuren, denn auch Mäuse und Schnecken haben es darauf abgesehen. Achtung: Manchmal gibt es Pilze, die einem Speisepilz verblüffend ähneln, aber tödlich sein können. Dietmar Krüger zeigt bei seiner Tour auch Tricks, um eine so verheerende Verwechslung möglichst zu vermeiden.

TIPP: Eine Viertelstunde Autofahrt entfernt befindet sich ein Mix aus Kinderbauernhof und Abenteuerspielpatz (www.dreieichhoernchen.de).

Adresse zum Beispiel »Monte Scherbelino« im Frankfurter Stadtwald in 60599 Frankfurt-Sachsenhausen, Dietmar Krüger gibt seine Touren aber auch in allen anderen Waldgebieten, www.derpilzberater.de // **Öffnungszeiten** Anfragen für Pilztouren über info@derpilzberater.de // Für Kinder ab sechs Jahren.

66_DER PINKELBAUM

Eine Konfirmandenblase ist nichts dagegen

Komisch, da plätschert doch was? Ja, ganz leise kann man es hören, zwischen dem Vogelgezwitscher und den Flugzeugen, die in regelmäßigen Abständen über den Frankfurter Stadtwald hinwegdonnern: das kleine Geschäft des sogenannten Pinkel-Baumes. Ein 20 Meter hoher Ahorn-Baum, der dank eines Bewegungsmelders in den Ästen in regelmäßigen Schüben Wasser lässt. Für Kinder absolut faszinierend, oft kommen ganze Schulklassen und Kindergartengruppen hierher und brechen in wildes Gelächter aus, sobald der nächste Pinkel-Vorgang beginnt.

Der Beweggrund für dieses Kunstwerk lässt sich beim Blick auf eine kleine, zerkratzte Tafel erahnen, die in einigen Metern Entfernung steht: »Seit 300 Jahren pisst man mich an, ab heute piss ich zurück« – die Wortwahl zugegebenerweise nicht ganz kindgerecht, und auch die 300 Jahre sind übertrieben, der Baum wurde erst 1890 gepflanzt.

Die Vorstellung ist zwar etwas skurril, aber rein theoretisch könnte man das Wasser aus dem Pinkelbaum sogar trinken. Es stammt von der nahe gelegenen Gaststätte Oberschweinstiege und läuft durch ein unterirdisches Rohr. Damit es in der kalten Jahreszeit nicht einfriert, macht der Baum in manchen Wintermonaten eine Pinkelpause.

Direkt hinter dem Baum liegt der Jacobiweiher. Den kleinen, brackigen See zu umrunden, dauert mit Kindern etwa eine halbe Stunde. Dabei begegnet man nicht nur Entenfamilien, sondern auch zahlreichen Hunden, die eine Bade-Session einlegen und sich im Anschluss natürlich herrlich schütteln.

Adresse Jacobiweiher, Oberschweinstiegschneise 65, 60598 Frankfurt-Süd // ÖPNV Straßenbahn 17, Haltestelle Oberschweinstiege, dann 10 Minuten Fußweg bis zum Weiher // Für jede Altersgruppe ein Riesenspaß.

TIPP: Wen nach dieser Tour der Hunger packt, der kann in der Oberschweinstiege einkehren: Das Gasthaus, das den Pinkelbaum mit Wasser versorgt, serviert gutbürgerliche Küche und hat einen tollen Spielplatz.

67_DAS PIRATENBOOT

Am Steuer ein Drache

Die Mainspiele gehören zu den schönsten Ferienspielen im gesamten Rhein-Main-Gebiet. Drei Wochen lang säumen gelb-rote Hüpfburgen, riesige Kletterbälle und Kreativ-Stände in den Sommerferien das südliche Mainufer. Werden die Spielgeräte schon von Weitem erspäht, gibt es kein Halten mehr. Kinder und Jugendliche jeden Alters können sich hier austoben, Trampolin springen, Kisten stapeln, Basketball spielen.

Der Renner ist jedes Jahr aufs Neue das braune Piratenboot, das in regelmäßigen Abständen von der Anlegerstelle neben dem Eisernen Steg ablegt. Am langen Mast hängt – natürlich – eine große Piratenflagge, ein altes Weinfass dient als Ausguck. Vorne am Bug sitzt ein gut zwei Meter großer, freundlich dreinblickender Drache. Er gibt quasi die Richtung vor, steuert die 25 kleinen und großen Piraten in ihren neonorangenen Rettungswesten etwa eine halbe Stunde lang über den Main. Die Stimmung an Bord ist ausgelassen, die Kids lieben es, den Fußgängern auf den zahlreichen Mainbrücken zuzuwinken.

Für das Piratenboot wird ein kleiner Unkostenbeitrag erhoben, die meisten Aktivitäten der Mainspiele sind kostenfrei. Wer wegen großen Andrangs keinen Platz am Piratendeck gefunden hat: Bei den Mainspielen zwischen Eisernem Steg und Untermainbrücke fahren regelmäßig auch Boote der Kinder-Hafen-Feuerwehr und der Kinder-Hafen-Polizei. Wer außerhalb der Mainspiele kommt, findet auf der anderen Mainseite jede Menge Bootfahr-Alternativen.

Adresse Mainspiele, am Mainufer parallel zum Schaumainkai zwischen Untermainbrücke und Eisernem Steg // **ÖPNV** Bus 46, Haltestelle Eiserner Steg; U 1, 2, 3, 8, Haltestelle Schweizer Straße; Straßenbahn 15, 16, 19, Haltestelle Schweizer-/Gartenstraße und etwa 10 Minuten zu Fuß // **Öffnungszeiten** 11–19 Uhr, genaue Daten unter www.abenteuerspielplatz.de // Unsere Empfehlung: Für Kinder ab drei Jahren.

TIPP: Ganz in der Nähe liegt das legendäre Dönerboot »Meral Imbiss«. Döner futtern und Schiffe gucken. Genial!

68_DAS POPCORN IM MINI-KINO

Da kommen selbst die Kleinsten ran

Das ist mal wirklich kuschelig: Der Kinosaal »Eden« in den E-Kinos an der Frankfurter Hauptwache ist so klein wie kein anderer. Er hat nur vier Sitzreihen, nur 37 große, gemütliche Sitze. Hier fühlt es sich an, als würde man mit einer großen Familie Filme wie »Tabaluga«, »Drache Kokosnuss« oder »Feuerwehrmann Sam« anschauen. Netter Nebeneffekt der familiären Atmosphäre: Keiner meckert, wenn ein Kind mal »zu laut« ist, ausgelassen lacht oder bei spannenden Szenen auf den Schoß der Eltern klettert.

Die Bezeichnung »kinderfreundlich«, die man beim Locationgoogeln oft findet, stimmt in diesem Fall absolut: Die E-Kinos haben neben dem kuscheligen Mini-Kino und einem weitreichenden Kinderfilm-Programm auch eine sogenannte Popcorn-Treppe. Bei Kids sehr beliebt! So gelangen auch die allerkleinsten Besucher an die Theke, an der das Kinofutter in süß oder salzig in die Papiertüten geschaufelt wird.

Familien schätzen die moderaten Eintrittspreise (hier gibt es nämlich nicht nur für Kinder, sondern auch für die begleitenden Eltern eine Ermäßigung) und die sonntägliche Familienpreview. Toll ist auch das Mitmach-Kino: Weil es kleinen Kindern bekanntlich schwerfällt, lange still zu sitzen, wird der Kinobesuch dabei mit Spielen und Tanzeinlagen aufgepeppt. Kindergeburtstage feiern geht hier natürlich auch – die passende Einladungskarte gibt's online zum Ausdrucken.

TIPP: Wer nach dem Kinobesuch noch Lust auf Süßes hat: Der Gummibärchen-Laden Bären-Treff befindet sich schräg gegenüber.

Adresse E-Kinos, Zeil 125, 60313 Frankfurt-Innenstadt // **ÖPNV** S1–S6, S8, S9, U1, U2, U3, U6, U7, U8, Haltestelle Hauptwache // **Öffnungszeiten** Programm unter www.cineplex.de/frankfurt // Für Kinder im Kino-Alter, ab circa fünf Jahren.

69 _ DIE POPO-KLATSCHER-RUTSCHE

Nur für Hartgesottene!

Diese Rutsche können wir nur älteren Kindern guten Gewissens empfehlen. Sie ist hoch, steil, hat scharfe Kurven und am Ende einen kleinen Hubbel. Wer noch keine richtige Körperkontrolle hat oder einfach zu schnell unterwegs ist, bekommt am Ende einen »Popo-Klatscher«, dotzt mit dem Hinterteil also noch mal auf. Das finden manche Kinder witzig, andere hingegen reagieren mit lautem Gebrüll und machen von da an einen großen Bogen um diese schnelle Rutsche.

Glücklicherweise gibt es zahlreiche Beschäftigungs-Alternativen, der Waldspielpark Schwanheim ist einer der größten und schönsten Spielplätze der Stadt. Auf der anderen Seite der »Popo-Klatscher-Rutsche« befindet sich der Dino-Spielbereich. Die Wippe sieht aus wie ein Flugsaurier, im Sand steht ein Triceratops, zum Klettern und Durchrasen gibt es ein riesiges Gerüst in Form eines grünen Langhalssauriers. Toll: Dieser Spielbereich ist integrativ, auch blinde und gehbehinderte Kinder können mitmachen, und so sieht man auf dem Waldspielpark Schwanheim viele Rollifahrer.

Der größte Hingucker des Parks befindet sich aber in der Mitte. Eine riesige beigefarbene Figur. Viele halten sie für eine Frau, es soll aber der Narr Till Eulenspiegel sein, dem in den heißen Sommermonaten aus Mund, Ellenbogen und Knien Wasser spritzt. Über Jahre standen die Schwanheimer Wasserspiele wegen technischer Probleme jedoch still. Um zu überprüfen, ob sie am Besuchstag laufen, lohnt sich ein Blick auf die Homepage der Stadt Frankfurt, siehe unten.

Adresse Waldspielpark Schwanheim, Stöppelschneise/Schwanheimer Bahnstraße, 60529 Frankfurt-Schwanheim, barrierefrei // **ÖPNV** Straßenbahn 12, Haltestelle Rheinlandstraße // Der Spielplatz ist für alle Altersgruppen, die Rutsche frühestens für Kinder ab sechs Jahren.

70_DER QUATSCH-FOTO-AUTOMAT

Mach dir deine Haare schön!

Auf den ersten Blick sind Fotoautomaten nur für Erwachsene interessant – und auch nur dann, wenn der Personalausweis abläuft und schnell ein biometrisches Passbild hermuss. Die meiste Zeit des Jahres fristen die weißen kleinen Boxen in den U-Bahn-Unterführungen, Shoppingcentern und Bürgerämtern also ein langweiliges Dasein.

Auf den zweiten Blick hingegen sind Fotofix-Automaten für Kinder ein großer Spaß. Denn, was kaum einer weiß: Darin kann man die herrlichsten Quatsch-Fotos machen. So hat man auf dem Bild nachher bunte Haare oder einen langen Rauschebart – für einen Bruchteil des Preises, den man für normale Passbilder berappen muss.

Ein Foto-Programm setzt einem zum Beispiel vier verschiedene Perücken auf den Kopf. Blau, orange, braun mit Schleife, lang und lockig. Dafür werden tatsächlich vier Einzelfotos gemacht, rein theoretisch könnten also vier Kinder mitmachen, und jedes hätte sein eigenes Bild. Schön sind auch die Motto-Fotos, auf denen man sich als Weihnachtsmann wiederentdeckt.

Vor allem die älteren Fotoautomaten lassen von außen nichts von den Spaßfotos ahnen, erst beim Reinsetzen wird man auf diesen Menüpunkt aufmerksam. Leichter Optimierungsbedarf besteht auch bei der Höhe des Sitzes. Der lässt sich zwar grundsätzlich nach oben drehen, ist für Kinder aber noch viel zu niedrig. Daher lohnt es sich, eine Mama oder einen Papa mit starken Armen dabeizuhaben.

> **TIPP:** Im Anschluss die Berger Straße hochschlendern, es folgen jede Menge Eisgeschäfte, zum Beispiel Eiscafé Bentivenga in der Berger Straße 219 oder Eiscafé Venezia in der 245.

Adresse zum Beispiel U-Bahn-Haltestelle Bornheim Mitte und viele weitere siehe www.passbilder.net // **ÖPNV** U 4, Straßenbahn 12, 18, Bus 34, 38, 43, 104, Haltestelle Bornheim Mitte // Für Kinder jeden Alters superlustig.

71_DER RADWEG MIT RIESEN-RAUPE

… und anderen Phantasie-Gestalten

»Ich seh' was, was du nicht siehst« – dieses Spiel ist geradezu perfekt für die dicke grüne Raupe. In Frankfurt-Fechenheim sitzt sie auf einem »zarten Birkenast« am Erlenbruch. Aus Kunststoff gefertigt, gut einen Meter lang, knallig grün. Eigentlich müsste sie also sofort ins Auge stechen, aber die meisten kleinen und großen Besucher müssen erst ein paar Runden drehen, bevor es heißt: »Da! Da ist sie!«

Die dicke grüne Raupe, mittlerweile schon ein wenig angegraut, ist eines von mehreren Kunstobjekten, die am Frankfurter GrünGürtel-Radrundweg stehen. Sie machen aus einer normalen Fahrradtour für Kinder ein Entdeckspiel: Im Oberwald hängt zum Beispiel der »Monsterspecht« an einem Baum, ein überdimensional großer Specht aus Holz. In Rödelheim gibt es den »Barfüßer« zu bestaunen, ein Fabelwesen mit einem lang gezogenen Körper, sechs menschlichen Fußpaaren und Händen an den Ohren. Am Streckenabschnitt in Bonames sitzt, passend zum Namen, das sogenannte GrünGürteltier, mit Schweinsnase, Flügeln und langem Schwanz, auf einer Brücke.

Der GrünGürtel-Radrundweg ist 64 Kilometer lang und umrundet Frankfurt – weil er nicht nur durch schöne Landschaften, sondern auch durch Industriegebiete à la Fechenheim mit engen Radwegen führt, ist er vor allem für größere und fahrsichere Kinder und Jugendliche geeignet.

TIPP: Viel schöner ist es natürlich, mit dem Rad über den GrünGürtel-Radrundweg anzureisen. Zwei Fahrradminuten von der dicken grünen Raupe entfernt ist der beliebte Abenteuerspielplatz Riederwald in der Kirschenallee.

Adresse etwa Höhe Am Erlenbruch 76, 60386 Frankfurt-Fechenheim // **ÖPNV** U 4, U 7, Haltestelle Schäfflestraße, dann etwa 50 Meter Richtung Innenstadt in die Grünanlage gehen // Für Kinder im sicheren Radfahr-Alter, also frühestens ab fünf Jahren.

72_ DIE RIESEN-SCHNEEKUGEL

Frankfurt in klein und wunderschön

Tief unten im Keller des Museums greift sich ein Roboter ein Stück Frankfurt. Langsam fährt sein Arm mit dem Stadt-Modell nach oben und schiebt es in die Ausstellung, wo schon zahlreiche Augenpaare auf ihn warten. Die gut zwei Meter hohe Schneekugel im Erdgeschoss ist das Highlight im Historischen Museum, hier wird Frankfurt in seinen unterschiedlichen Facetten präsentiert: Die Modelle zeigen die Stadt als ewige Baustelle mit zahlreichen Baukränen, als Verkehrs-Hochburg mit ellenlangen Staus, als Hochhaus-Metropole. Jedes ist von einem anderen Künstler angefertigt worden, sie wiegen bis zu einer Tonne.

Kinder fasziniert vor allem die Technik. Jedes Modell dreht sich für sechs Minuten in der Schneekugel langsam um sich selbst, auf einem Display tickt die Uhr herunter. Welches Modell schnappt sich der Industrieroboter wohl als nächstes? Das, das vorher mit einem Lichtkegel angestrahlt wird.

Wer jetzt so richtig angefixt ist, fährt am besten in den dritten Stock. Hier gibt es ein Stadt-Modell, das an Kreativität kaum zu überbieten ist. Auf 70 Quadratmetern wird Frankfurt mit Hilfe von Besen, Bürsten und anderen Alltagsgegenständen dargestellt. So besteht die Universität aus mehreren Büchern, der Westhafen Tower ist passend zu seinem Spitznamen »Das Gerippte« ein umgedrehtes Äppler-Glas. Für viele Kids ist das Highlight das Gefängnis in Frankfurt-Preungesheim. Die JVA ist in diesem Modell eine Mausefalle.

> Adresse Historisches Museum, Saalhof 1, 60311 Frankfurt-Altstadt, barrierefrei, www.historisches-museum-frankfurt.de // ÖPNV U4, U5 Haltestelle Dom/Römer; Straßenbahn 11, 12, Haltestelle Römer/Paulskirche; Bus 36, Haltestelle Schöne Aussicht // Öffnungszeiten Di, Do, Fr 10–18 Uhr, Mi 10–21 Uhr, Sa, So 11–19 Uhr // Für Kinder jeden Alters schön anzusehen.

73_ Das riesige Klettergerüst

Wer zuerst unten ist, hat gewonnen!

Wooooow, ist das hoch! Ist das breit! Und unglaublich verzweigt! Im Frankfurter Osten steht ein Traum für alle kleinen und großen Kletterer, eine gut zehn Meter hohe Burg aus Holz, die über Brücken, Netze und Seile erobert werden kann. Die Kids hangeln sich über zwei Etagen, spielen Räuber und Gendarm, jagen sich von Podest zu Podest und nutzen die zwei gewaltigen Röhrenrutschen oder auch die Seilbahn als Fluchtmöglichkeit.

In Sachen Größe toppt der Heinrich-Kraft-Park im Stadtteil Fechenheim alles. Nicht nur das Klettergerüst lässt viele Kindermünder offen stehen, auch das Areal an sich. Mit einer Fläche von über zwölf Fußballfeldern ist dies der größte Spielpark der Stadt. Viel Platz zum Toben, Bolzen, Fangenspielen.

Hinter dem Klettergerüst befindet sich ein Spielbereich, der mindestens genauso viele Superlative verdient hat: Er ist integrativ, Kinder mit und ohne Behinderung können also gemeinsam spielen. Es gibt zum Beispiel eine Wippe, in die auch Kinder mit ihrem Rollstuhl hineinpassen, beim sogenannten Tanzglockenspiel machen die Kids mit Hilfe ihres Körpergewichtes gemeinsam Musik.

Diesen tollen Spielbereich hat der Heinrich-Kraft-Park Peter Maffay und seiner Tabaluga-Stiftung zu verdanken – in den 90er Jahren gab der Sänger ein Benefizkonzert, bei dem das meiste Geld für das Projekt zusammenkam. Inzwischen wurde der Spielbereich renoviert, der kleine grüne Drache Tabaluga ist aber immer noch da.

Adresse Heinrich-Kraft-Park, 60386 Frankfurt-Fechenheim, barrierefrei // **ÖPNV** Bus 41, 44, 551, Haltestelle Birsteiner Straße // **Öffnungszeiten** jederzeit // Kinder aller Altersgruppen haben im Heinrich-Kraft-Park ihren Spaß.

74_DIE ROBBEN-HÖHLE

Hallo, Zwergseebär!

Hier kommen kleine Kinderherzen vor Aufregung ins Hüpfen: Im Frankfurter Zoo befindet sich unter den sogenannten »Robbenklippen«, etwas versteckt, eine kleine Höhle. Wer zu ihr hinabsteigt, kriegt einen Wahnsinns-Blick auf die hier untergebrachten Seehunde und Zwergseebären. Die riesigen Fenster geben den Blick frei auf das, was unter Wasser passiert. Auf das Abtauchen, auf die rasend schnellen Schwimmbewegungen und das gerade noch rechtzeitige Abbiegen vor dem dicken Fensterglas. Die Tiere sehen so aus, als würden sie mit ihren großen Vorderflossen durch das Wasser fliegen. Sie sind blitzschnell und könnten, rein theoretisch, bis zu 30 Meter tief tauchen.

Kids lieben es, sich dicht an die Scheibe zu stellen und zu erschrecken, wenn die Robben vorbeigeschossen kommen. Manchmal halten die Tiere auch an, machen eindrucksvolle Drehungen direkt am Fenster, herrliches Blubbern inklusive. Wer mag, kann die Tiere natürlich auch von oben betrachten. Jeden Tag gibt es zwei Fütterungstermine, oft auch mit Showeinlage. Der Seehund, der sich brav hinlegt oder sogar einen Ball anstupst, bekommt einen Fisch.

Für einen Besuch im Frankfurter Zoo sprechen natürlich noch zahlreiche weitere Gründe, so zum Beispiel der Streichelzoo und der tolle Spielplatz. Top ist auch die Lage: Der Zoo liegt mitten in der Innenstadt, und seine Eintrittspreise sind im Vergleich zu anderen deutschen Zoos sehr human. Für Kinder unter sechs ist der Eintritt sogar kostenlos.

> **TIPP:** Direkt am Zoo, in der Straße Am Tiergarten 50, gibt es etwas Tolles für die Allerkleinsten: einen kostenlosen Winterspielplatz für alle zwischen null bis drei. Super, wenn es draußen wieder kalt und schmuddelig wird (www.winterspielplatz-frankfurt.de).

Adresse Frankfurter Zoo, Bernhard-Grzimek-Allee 1, 60316 Frankfurt-Ostend, www.zoo-frankfurt.de // **ÖPNV** U 5, U 6, Straßenbahn 14, Bus 31, Haltestelle Frankfurt Zoo // **Öffnungszeiten** im Winter Mo–So 9–17 Uhr, im Sommer Mo–So 9–19 Uhr // Für jedes Alter geeignet.

75_DER SAFARI-RADWEG

Von Zoo zu Zoo

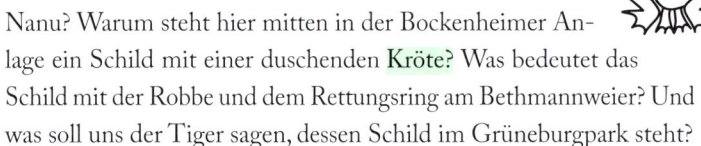

Nanu? Warum steht hier mitten in der Bockenheimer Anlage ein Schild mit einer duschenden Kröte? Was bedeutet das Schild mit der Robbe und dem Rettungsring am Bethmannweier? Und was soll uns der Tiger sagen, dessen Schild im Grüneburgpark steht?

All diese Tierschilder sind Wegweiser der Radtour »von Zoo zu Zoo«, die sich vor allem an Kinder und Jugendliche richtet. Sie startet am Zoo in Frankfurt und endet am Opelzoo in Kronberg im Taunus. Die Strecke ist 25 Kilometer lang, es gilt 300 Höhenmeter zu überwinden – also nur für Kids mit Muckis in den Beinen. Für die gesamte Strecke ist man mindestens sechs Stunden unterwegs, aber auch Etappen-Fahren ist möglich.

Was wäre, wenn alle Tiere aus beiden Zoos ausbrächen und sich in und um Frankfurt einen neuen Lebensraum suchen müssten? Diese Frage hat man sich für die Gestaltung des Radwegs gestellt und dementsprechend die Schilder gestaltet. Die Kröten zum Beispiel gehören zum Frankfurter Zoo. Sie würden sich sofort eine feuchte Umgebung suchen – daher ist ihr Schild an einem Wasserhahn angebracht. Die Robben würden sich sofort ein Wasserbecken suchen, da sie aber erst mit einem Jahr schwimmen können, zeigt das Schild am Bethmannweier noch den Rettungsring. Und der Tiger würde sich vermutlich ein schönes chilliges Plätzchen suchen: Der Grüneburgpark wäre eben die perfekte Tiger-Liegewiese.

Wenn man den etwas hektischen Teil der Frankfurter Innenstadt hinter sich gelassen hat, wird es auf dem zweiten Teil (von Nidda zum Opel-Zoo) richtig idyllisch.

TIPP: Bei der Bartgeier-Knochenschmiede einen kleinen Abstecher zum Frankfurter Feldbahnmuseum machen, Am Römerhof 15f.

Adresse offizieller Start ist der Frankfurter Zoo, Bernhard-Grzimek-Allee 1, 60316 Frankfurt-Ostend // **ÖPNV** U5, U6, Straßenbahn 14, Bus 31, Haltestelle Frankfurt Zoo, der gesamte Routenverlauf mit allen Tierschildern und den GPX-Daten zum Download auf www.regionalpark-rheinmain.de/portfolio-item/regionalpark-safari-von-zoo-zu-zoo // Für Kinder ab fünf Jahren oder eben die, die schon richtig gut Rad fahren können.

Nur Sonorakröten

76_DIE SALZ-HEILGROTTE

Ein Spielzimmer für kleine Rotznasen

Unglaublich, wie lange sich Atemwegsinfekte bei Kindern halten können. Ein Keuchen und Bellen über Wochen. Tee trinken, inhalieren, Hustensaft, nichts hilft. Eltern mit Kranken-Geschichten wie diesen finden Hilfe in der Salzheilgrotte im Stadtteil Nordend. Wie der Name schon sagt, liegt hier Salz in der Luft, das löst den Schleim in den Atemwegen und sorgt für freies Durchatmen.

Phantastisch: Für die Kleinen gibt es ein Salz-Spielzimmer mit Spielzeug für fast alle Altersgruppen – kleine Autos, mittelgroße Bagger, eine kleine Küche, eine Rutsche und vieles mehr. Der Boden ist mit Salz aus dem Toten Meer bedeckt, während die Kids in T-Shirt, kurzer Hose und Socken vor sich hin buddeln (mit 24 Grad ist es hier sehr warm), atmen sie kleine Salzpartikel ein. Aus den Salzgeneratoren in der Wand wird zusätzlich feuchtes Salz in die Luft gepustet, Nebelschwaden wabern durchs Kinderzimmer. Die Eltern können auf den umliegenden Liegen Platz nehmen (und ebenfalls tief durchatmen), die Kids haben 45 Minuten Spaß, werden quasi spielerisch gesund.

Die Salzheilgrotte bekommt auf allen Portalen fast durchgehend hervorragende Bewertungen – Eltern schätzen die abmildernde Wirkung auf chronische Krankheiten: Kindern mit Asthma, einer chronischen Bronchitis oder Allergien geht es nach einem Besuch deutlich besser.

Adresse Salzheilgrotte Frankfurt, Eschenheimer Anlage 23, 60318 Frankfurt-Nordend, www.salzheilgrotte-frankfurt.de // **ÖPNV** U5, Haltestelle Musterschule und etwa 10 Kinderfußminuten; Bus 36, Haltestelle Unterweg und 2 Minuten zu Fuß // **Öffnungszeiten** Mo 10–19 Uhr, Di, Mi, Fr 10–19 Uhr, Do 12–19 Uhr, Sa 10–18 Uhr, So 12–18 Uhr, eine Anmeldung ist nicht nötig // Für Kinder jeden Alters.

77_DER SCHÖNSTE RADWEG

… startet in Frankfurt

Wer ihn komplett entlangradeln will, braucht Muckis in den Beinen. Der Radweg mit dem offiziellen Namen »Regionalpark-Route Hohe Straße« ist ganze 38 Kilometer lang, er startet im Frankfurter Stadtteil Bergen-Enkheim, führt an Gemeinden wie Kilianstädten und Roßdorf vorbei und endet in Büdingen an der Wetterau. Natürlich kann man aber auch an beliebigen Stellen ein- und wieder aussteigen.

Die Landschaft ist genial, es geht vorbei an endlosen Wiesen und Feldern mit Mais oder Kohl und durch Wälder hindurch. Autos fahren keine, in regelmäßigen Abständen kommt einem aber ein Traktor entgegen. Nur die Frankfurter Skyline erinnert einen immer wieder daran, dass man sich immer noch in der Nähe einer Großstadt befindet.

An der Strecke gibt es mehrere Verweilplätze, die für Kinder ganz besonders toll sind: Ein Gerüst, das aus wenigen langen Holzstämmen besteht und an dem eine Schaukel hängt – mit dem längsten Schwungradius weit und breit. Es gibt mehrere Liegen, auf denen man herrlich alle viere von sich strecken und seine selbst geschmierten Brote auspacken kann. Beeindruckend ist auch der sogenannte Lausbaum mit einer Sitzecke zum Picknicken in Form eines großen hölzernen Wagens.

Der Name Lausbaum erinnert dabei daran, dass der Radweg Hohe Straße früher eine Handelsroute war. Dieser Rastplatz war vermutlich der letzte Stopp, bevor die Reisenden Frankfurt erreichten. Dafür wurden alle noch mal flott gemacht, inklusive dem, was in Schulen und Kindergärten heute noch Usus ist: dem Läuse-Check.

Adresse Hohe Straße, 60388 Frankfurt Bergen-Enkheim // **ÖPNV** U 4, U 7, Haltestelle Enkheim, von dort 20 Minuten mit dem Rad zur Hohe Straße // Für Kinder ab fünf Jahren: Hauptsache längeres und sicheres Radfahren ist möglich.

TIPP: Wer wirklich bis zum Ende durchhält, sollte kurz vor Büdingen einen Abstecher zur Ronneburg machen – die Burg stammt aus dem 13. Jahrhundert, hat eine imposante Anlage und sorgt bei Klein und Groß für echtes Ritter-Feeling.

78_DIE SCHWARZLICHT-HELDEN

Die beißen aber nicht!

Hat dieses riesengroße Tigergesicht an der Wand gerade geblinzelt? Nein, das sah zum Glück nur so aus … oder doch? Die Neon-Graffiti in der Schwarzlicht-Minigolf-Anlage auf der Berger Straße sehen einfach super echt aus. Vergrätzte Glatzköpfe und reptilienartige Kampfmaschinen wirken so, als würden sie gleich aus der Wand herausspringen. Gar nicht so einfach, unter so einer Monster-Beobachtung Minigolf zu spielen. Zum Glück ist immer gleich ein passender Superheld dabei, das mildert das Grusel-Gefühl deutlich ab.

In der gesamten Anlage ist es dunkel, nur lilafarbene Röhren sind angeschaltet, das sogenannte Schwarzlicht. Die Superhelden-Graffiti wie auch die Minigolf-Bahnen sind mit spezieller UV-Farbe bemalt, sodass sie trotz der Dunkelheit in den kunterbuntesten Farben leuchten, selbst das kleinste Barthaar der Gruselgesellen ist noch zu erkennen.

Die Location ist kompakt, sie besteht aus zwei Etagen und 18 Bahnen – die zu bespielen, ist nicht ganz ohne: Hier muss der Ball auch mal einen meterhohen Turm hochgeschossen oder durch eine Flipper-Anlage manövriert werden. Highlight ist auch die Bahn, die die beiden Etagen der Anlage miteinander verbindet. Hier kullert der Ball einen Schlauch entlang, der ins Kellergeschoss führt.

Wer sich traut, kann eine 3-D-Brille aufsetzen. Dann wirken die Graffiti-Monster an den Wänden noch realistischer. Nette Idee: Wer seinen Kindergeburtstag hier feiert, bekommt für die Dauer des Aufenthalts ein Superheldenkostüm.

TIPP: Für den Hunger danach ins Waffle House Frankfurt zwei Häuser weiter.

Adresse Schwarzlichthelden Minigolf, Berger Straße 138, 60385 Frankfurt-Bornheim // **ÖPNV** U 4, Haltestelle Höhenstraße // **Öffnungszeiten** Mo–Do 14–22 Uhr, Fr 14–24 Uhr, Sa 10–24 Uhr, So 10–22 Uhr, Reservierung wird erbeten, in den Ferien gelten andere Öffnungszeiten, siehe www.schwarzlichthelden.de // Für Kinder ab sechs Jahren.

79_DER SELBER-FÜTTERN-ZOO

Ausflug nach Offenbach – ausnahmsweise

An dieser Stelle wollen wir die altbekannten Rivalitäten zwischen den beiden Städten mal beiseiteschieben. Denn im Offenbacher Waldzoo ist etwas erlaubt, was im Frankfurter Zoo explizit verboten ist: Tiere füttern. Ein absolutes Highlight für Kids! An der Kasse kann man sich Trockenfutter in unterschiedlichen Portionsgrößen kaufen und damit zu den Tiergehegen schlendern. Ponys, Schafe, Ziegen – sie alle schlabbern das Futter dankbar aus der Hand oder direkt aus dem Eimer.

Schildkröten, Enten, Meerschweinchen, die meisten Tiere stammen aus schwierigen Verhältnissen. Das Hausschwein Babe zum Beispiel wurde von Spaziergängern im tiefsten Winter im Wald gefunden, es wurde dort vermutlich ausgesetzt. Petra, das Schaf, stand eines Tages plötzlich auf einem Parkplatz. Damals war es noch ein kleines süßes Lämmchen und vollkommen orientierungslos. Die Kängurus kommen von einem Züchter, der es nur auf das Fleisch für sein Restaurant abgesehen hatte. Glücklicherweise konnte der Zoo diese und viele andere Tiere aufnehmen und ihnen ein neues Zuhause geben.

Der Waldzoo ist günstig, klein und schön übersichtlich (die Kinder hier zu verlieren, ist quasi unmöglich). Es gibt einen kleinen Spielplatz und einen Kiosk. Wir empfehlen, den Zoobesuch nicht allzu spät am Abend zu machen, denn dann sind die Tier-Bäuche meist pickepackevoll.

Adresse Waldzoo Offenbach, Waldstraße 275, 63071 Offenbach am Main-Tempelsee // **ÖPNV** Bus 101, 104, OF-30, Haltestelle Offenbach Tempelsee Stadthalle und etwa 10 Minuten zu Fuß // **Öffnungszeiten** im Sommer Di–So 10–18 Uhr, im Winter Di–So 10–17 Uhr // Für Kinder jeden Alters.

80_DIE SIEBEN GRÜNEN HÄUSCHEN

Das Denkmal, das selbst Kinder fasziniert

Denkmal? Gähn, wie langweilig! Nein, das hier nicht: Das Grüne-Soße-Denkmal in Frankfurt-Oberrad ist so originell und schön gelegen, dass es auch Kindern gefällt. Es besteht aus sieben kleinen Gewächshäusern, die hintereinander in Reih und Glied stehen. Die Zahl Sieben hat natürlich ihren Sinn, schließlich sind es sieben Kräuter, die in dem Frankfurter Traditionsgericht stecken: Borretsch, Kerbel, Kresse, Petersilie, Pimpinelle, Sauerampfer und Schnittlauch.

Jeder Zutat ist also ein kleines Häuschen gewidmet – jedes ist in einem anderen Grünton gehalten, je nachdem wie das Original-Kraut aussieht. So ist das Petersilie-Häuschen gelbgrün, das für Borretsch dunkelgrün. Es lohnt, sich den Weg durch das verwachsene Gestrüpp zu schlagen, um dicht an die Häuser heranzukommen. Auf dem Haus-Boden steht in großen Buchstaben, welcher Kräuterart hier »gedacht« wird. Dass alles noch so nagelneu aussieht, hat das Denkmal seiner Sanierung 2018 zu verdanken, bei der Spezialglas aus Italien in die Häuser eingebaut wurde.

Das Denkmal steht dort, wo das Frankfurter Traditionsgericht seit Generationen angebaut wird, in den Oberräder Kräuterfeldern im Frankfurter Grüngürtel. Besonders schön ist ein Besuch mit Kids bei Sonnenuntergang, wenn das Licht direkt in die grünen Häuser fällt. Im Anschluss kann man herrlich an den Feldern vorbeilaufen, denen das Denkmal gewidmet ist.

TIPP: Wer auf den Geschmack gekommen ist: In acht Fußminuten erreicht man das Restaurant »Grüne Soße und mehr« in der Offenbacher Landstraße.

Adresse Grüne-Soße-Denkmal, Speckgasse 7, 60599 Frankfurt-Oberrad // **ÖPNV** Straßenbahn 15, 16, 18, Haltestelle Bleiweißstraße und etwa 10 Minuten zu Fuß // **Öffnungszeiten** jederzeit // Für alle Altersgruppen geeignet.

81_DIE SINDLINGER GLÜCKSWIESE

Einmal Schweinebauch kraulen, bitte!

Es klingt wie im Bilderbuch: Zwischen dem Frankfurter Stadtteil Sindlingen und Hattersheim gibt es eine Wiese mit 20 Pferden und Ponys, zwei riesengroßen Kühen, fünf Schweinen, 15 Schafen, 16 Hühnern und vielen Tieren mehr. Sie alle teilen sich die Glückswiese, es ist harmonisch und tiefenentspannt. Die Tiere lassen sich auch von menschlichen Wiesenbesuchern nicht aus der Ruhe bringen. Ganz im Gegenteil: Streicheln ist erwünscht, und so manches Schwein legt sich sofort auf den Rücken, nach dem Motto: Einmal Bauch kraulen, bitte!

Felix, Seppe, Bella, Bob, Fritz … jedes Tier hat einen Namen. Inhaberin Isabell Müller-Germann hatte schon als Kind ein großes Herz für Tiere. Zu Beginn des Jahres 2006 standen auf ihrer Wiese lediglich drei Pferde. Schnell sprach sich jedoch herum, dass auch verwahrloste Ziegen, Hunde und Enten hier wieder aufgepäppelt werden und bleiben dürfen. Die Tierschar wuchs so rasant an, dass es mittlerweile einen Aufnahmestopp gibt.

Isabell Müller-Germann möchte mit ihrer Wiese Kindern zeigen, dass jedes Leben wertvoll ist. Daher macht sie für Kids tolle Angebote: Reiten auf den sogenannten Zauberponys, Winterquartiere bauen oder Angst vor Hunden abbauen auf dem »Bauernhof als Klassenzimmer«.

Adresse Sindlinger Glückswiese, Okrifteler Straße, 65931 Frankfurt-Sindlingen, www.sindlinger-glückswiese.de // Anfahrt Pkw-Parkplätze sind vor der Wiese // Öffnungszeiten Besuch bitte anmelden, Tel. 0176/80263098 // Für Kinder jeden Alters, Reiten geht schon ab zwei Jahren.

82_DER SPIELPARK LOUISA

Place-to-be an heißen Sommertagen

Man sieht es dem schönen Park zwischen Niederrad und Sachsenhausen nicht an, aber: Er ist älter als die Ururururoma jedes Frankfurter Kindes. Vor über 200 Jahren war der Platz, auf dem heute Kinder toben, buddeln und mit Wasser spielen, der Lustgarten eines Frankfurter Barons. Superwichtige Leute kamen hierher, zum Beispiel der russische Zar. Die Frau des Barons hieß Louisa, nach ihr ist der Garten noch immer benannt.

Die Anlage ist nach wie vor herrlich, bietet Stadtkindern nebst tollen Spielgeräten jede Menge Natur. Es gibt Hecken, hinter denen man sich verstecken kann. Anhöhen, von denen man einen tollen Blick in den Frankfurter Stadtwald hat (ups! Mitten im Wald liegt ja eine kaputte Rutsche!), die Sitzgruppen in der Mitte des Parks sind von hohen Bäumen umgeben.

Hingucker ist die große, bunt bemalte Buddelanlage, mit Eimerchen zum Hochziehen und kleinen Propellern, durch die der Sand von oben wieder nach unten befördert wird. Daneben stehen Wippen, die wie kleine süße Käfer aussehen und auf der gleich drei Kids auf einmal um die Wette wippen können, seit Kurzem gibt es auch einen integrativen Spielbereich.

An warmen Sommertagen wird die Sprühanlage angeschaltet, ein absolutes Highlight für Kids! Dann heißt es Picknickdecke auf der großen Liegewiese aufschlagen, Badeschuhe anziehen (Wespen!), und der Wasserspaß kann losgehen!

Adresse Spielpark Louisa, Mörfelder Landstraße 265, 60598 Frankfurt-Sachsenhausen // ÖPNV Bus 61, 78, 80, Haltestelle Waldspielpark Louisa // Anfahrt Parkplätze direkt vor dem Park, wenn auch nur wenige // Für Kinder jeden Alters.

83_ DER SPIELPLATZ AUS STROH

Tauch ab in der Mais-Sandkiste

Wenn so ein süßer Teddy am Eingang steht, kann das nur ein toller Ort für Kinder sein. Und es stimmt: Das Maislabyrinth Liederbach kurz vor der Stadtgrenze ist eines der schönsten Ausflugsziele für Kids im Spätsommer und Frühherbst. Weit abgelegen von der Hektik der Großstadt, können sie übers Feld flitzen, sich im Labyrinth verirren und wiederfinden.

Highlight ist jedes Jahr aufs Neue der Platz vor dem Labyrinth, ein Stroh- und Mais-Vergnügungspark, den man kostenfrei besuchen darf. Nebst dem freundlichen Teddy bilden liebevoll gestaltete Stroh-Minions das Empfangskomitee. Ihr Körper besteht aus Strohballen, ihre Augen aus weiß gestrichenen Autoreifen. Sieht einfach drollig aus!

Kids, die schon einmal hier waren, steuern sofort das Zelt an, in dem die Mais-Sandkiste steht. In der befindet sich kein Sand, sondern, wie der Name schon sagt, Maiskörner. Ein tolles Gefühl, sie durch die Finger gleiten zu lassen oder komplett darin abzutauchen. In der Mitte des Platzes thront eine große Strohburg – traumhaft zum Hochkraxeln und Drauf-Herumspringen. Mehrere Pavillons stehen bereit, in denen Kindergeburtstage gefeiert werden können. Im Verpflegungszelt gibt's Getränke, Würstchen und, ganz im Sinne des Labyrinths, Maiskolben mit Kräuterbutter … lecker!

Zum Maislabyrinth Liederbach gehört auch ein Fußball-Minigolf-Parcours. Der macht auch riesig Laune, kostet jedoch, genau wie das Labyrinth selbst, Eintritt.

Adresse Maislabyrinth Liederbach, Hofheimer Weg, 65835 Liederbach // **ÖPNV** RB 12, Haltestelle Liederbach (Taunus-) Niederhofheim Liederbach Bahnhof und etwa 15 Minuten zu Fuß // **Öffnungszeiten** und Saisonbeginn unter www.maislabyrinth-liederbach.de // Für Kinder jeden Alters.

84_DIE SPIELRAKETE

Ein Kletterparcours zum Abheben

»Wow, Mama! Guck mal!!!« Die meisten Kids können nicht glauben, was sich vor ihnen aufbaut, wenn sie im Terminal 2 des Frankfurter Flughafens die Rolltreppe hochfahren. Vor ihnen steht eine knallrote Spiel-Rakete, deren Spitze fast die Decke berührt. Sie ist neun Meter hoch und entpuppt sich beim genaueren Hinsehen als überdimensional großer Kletterparcours. Was für ein Kinder-Traum!

Die Rakete gehört zum Indoor-Spielbereich von McDonald's und vereint alles, was sich große und kleine Kinder zum Toben wünschen. Im Fuß der Rakete befinden sich zum Beispiel kleine Trampoline – zum »Nach-oben-Schießen«, wie eine echte Rakete eben. Im Innenraum wird geklettert und anschließend in einer der zahlreichen Röhren-Rutschen wieder ins Freie gerutscht. Es gibt Spielkissen für die Kleinsten, Spielwände mit allerlei Knöpfchen zum Schieben und Drücken, auf dem Boden sind Verzierungen, die an das Thema Rakete und Weltraum angelehnt sind: Feuer (für den Raketen-Start), Sterne, Mini-Raketen.

Der Bereich ist umringt von Tischen und Stühlen – stets in Blickrichtung der Rakete. So können Eltern entspannt ihre Pommes knabbern, während die Kids schon den nächsten Aufstieg starten. Alles in allem eine super Möglichkeit, sich vor dem nächsten Flug noch einmal auszupowern. Viele Familien sind sogar so begeistert, dass sie auch ohne Flugticket hierherkommen. Der Hammer: Der Spielbereich ist rund um die Uhr geöffnet.

> **TIPP:** Nach dem Klettern noch mal Flugzeuge, also »echte« Fluggeräte anschauen, auf der Flughafen-Terrasse, sie ist nur wenige Meter entfernt.

Adresse McDonald's, Terminal 2, 60549 Frankfurt-Flughafen // **ÖPNV** S 8, S 9, Haltestelle Terminal 1; Bus 61, 62, Haltestelle Terminal 2 // **Öffnungszeiten** jederzeit // Für jedes Alter.

85_ DER SPRING-BRUNNEN-PLATZ

Gleich spritzt es von der anderen Seite!

Er ist der Insidertreffpunkt von Eltern aus den Stadtteilen Ostend und Sachsenhausen. Der Walther-von-Cronberg-Platz, am südlichen Mainufer gelegen, direkt hinter dem Lindner Hotel Main Plaza mit seinem eindrucksvollen dunkelroten Turm und den goldenen Zacken obendrauf.

Der Clou: Auf dem mit Backsteinen gepflasterten Platz gibt es einen ebenerdigen Springbrunnen. Aus zahlreichen Düsen schießen die Wasserfontänen bis zu 20 Meter hoch in die Luft, wechseln immer wieder ihre Formation. Mal sprudelt's flach und ruhig, mal gibt es ein wahres Spritz-Feuerwerk – immer eine Überraschung, wo das Wasser als Nächstes herauskommt, begeistertes Kinder-Kreischen inklusive. Die Kids füllen mit dem Wasser ihre Gießkännchen auf, spritzen sich gegenseitig nass, fahren sogar mit Rollern und Fahrrädern durch den Brunnen hindurch.

An warmen Sommernachmittagen schlagen junge Familien ihre Picknick-Decken auf, besonders an Freitagen herrscht ein angenehm turbulentes Treiben. Ein toller Eisladen ist keine 20 Meter vom Wasser-Spaß entfernt: Der Salon Firenze sticht schon von Weitem durch seine kunterbunten Stühle und Sessel ins Auge. Und auch das Eis selbst ist besonders: Hier gibt es keine Kugeln, stattdessen wird das Eis in Waffel oder Becker »gespachtelt«, zumindest gefühlt sind die Portionen deutlich größer als anderswo. Und lecker ist es sowieso!

Adresse Walther-von-Cronberg-Platz, 60594 Frankfurt-Sachsenhausen // **ÖPNV** S 3, S 4, S 5, S 6, Straßenbahn 15, 16, 18, Bus 30, 36, 45, 47, 48, 653, OF-50, Haltestelle Lokalbahnhof und etwa 15 Kinderfußminuten // Für Kinder jeden Alters.

TIPP: Am Mainufer steigen jedes Jahr jede Menge Feste. Highlights sind das Museumsuferfest (immer am letzten Augustwochenende mit tollem Kinderprogramm) und das Mainfest, ein viertägiges Volksfest auf der gegenüberliegenden Mainseite.

86_DAS STADT-WALDHAUS

Hier gibt's Glipschiges zum Anfassen

Schon mal einen feuchten Regenwurm berührt? Oder eine Küchenschabe auf die Hand genommen? Viele Kinder (und Erwachsene) werden auf diese Frage vermutlich »Nein!!!« kreischen und ein angewidertes »Igittigitt!!!« gleich hinterher. Nach einem Besuch im StadtWaldHaus wird sich das ändern. Dort hat man es sich zur Aufgabe gemacht, anerzogene Ekel-Gefühle abzutrainieren. Kinder dürfen und sollen alle großen und kleinen Tiere kennenlernen und so viel wie möglich anfassen.

Das Informationszentrum an der Isenburger Schneise ist für jeden kostenlos zugänglich. Es gibt ein weitläufiges Außengelände, auf dem die Besucher Baumstämme rollen, Holz stapeln und auf Hochsitze klettern können. Wildschweine liegen in ihrem Gehege genüsslich im Schlamm – stehen aber blitzschnell auf, sobald es etwas zu futtern gibt. In einer Auffangstation für verunfallte Wildtiere kann man Eichhörnchen, Igel und Greifvögel beobachten, die – natürlich getrennt voneinander – wieder aufgepäppelt werden.

Ein optisches Highlight ist die Waldausstellung im Haus selbst. Die Eingangstür sieht aus wie ein dicker Eichenstamm, in der Mitte des Hauses ragt ein riesiger Baum bis an die Decke. Kinder und Jugendliche kommen hier noch ein Stück näher an die Tiere heran, sie sind ausgestopft und dürfen (natürlich) angefasst werden. Phantastisch ist auch das Bullauge: Wer hineinblickt, schaut in das Unterwasser-Leben eines Teiches, Kröten und Lurche zappeln vorbei.

Adresse Informationszentrum StadtWaldHaus & Fasanerie, Isenburger Schneise, 60528 Frankfurt, barrierefrei, www.stadtwaldhaus-frankfurt.de // ÖPNV Straßenbahn 17, Haltestelle Oberschweinstiege und etwa 15 Kinderfußminuten // Öffnungszeiten Nov.–Feb. Mo–Do 9–16 Uhr, Sa 12–16 Uhr, So 10–16 Uhr, März–Okt. 9–16 Uhr, Sa 12–18 Uhr, So 10–18 Uhr // Für Kinder jeden Alters.

87_DIE STAUSTUFE GRIESHEIM

Riesige Tanker direkt vor deiner Nase

Was für ein Gesprudel, was für ein schöner Ausblick über den Main und auf die Vogelinsel mit Kormoranen und Graureihern! Die Staustufe Griesheim ist ein Bauwerk, das die Stadtteile Schwanheim und Griesheim mit einer langen Fußgängerbrücke verbindet. Kinder lieben es, hier entlangzuflitzen. Der Fußboden besteht aus Gitterrosten, wer durch die Lücken guckt, sieht den Main direkt unter den eigenen Füßen.

Besonders spannend wird es, wenn ein Schiff kommt, oft ein ellenlanger Frachter. Der wird hier unter lautem Getöse auf die richtige Wasserhöhe gebracht. Dafür manövriert der Kapitän sein Schiff in eine der zwei Schleusenkammern, gute 350 Meter lang. Dort wird das Schiff »eingeschlossen«, und Unmengen an Wassermassen strömen hinein oder werden abgelassen.

Sobald der Pegel stimmt, darf die Fahrt weitergehen. Im Schnitt kommen 70 Frachter pro Tag hier vorbei. Da der Schleuse-Prozess einige Zeit dauert, stehen Schiffe aus allen Herren Ländern oft Schlange – die Chancen stehen also sehr gut, eine Schleusung mitzubekommen.

Ein Highlight ist auch der gelbe Müllbagger, der auf der Staustufe zum Einsatz kommt. Sein Schaufelarm reicht bis ins Wasser hinein und fischt den Müll heraus, den Menschen oft achtlos hineingeworfen haben. Was er nicht alles findet: Plastikflaschen, Schuhe, sogar Fußbälle. Umwelterziehung ist bei einem Besuch der Griesheimer Schleuse also auch mit dabei.

Adresse Staustufe Griesheim, 60529 Frankfurt-Griesheim, barrierefrei // ÖPNV zur Griesheimer Seite: S1, S2, Haltestelle Griesheim Bahnhof, im Anschluss Bus 54, Haltestelle Staustufe Griesheim; Anfahrt zur Schwanheimer Seite: Bus 51, 78, Haltestelle Ruhestein // Öffnungszeiten jederzeit // Besonders spannend für Kids ab drei Jahren.

88_DIE STOFFELCHEN-WIESE

Augen auf, Mund auch

Das Stoffel ist das entspannteste Familien-Festival weit und breit: Vier Wochen im Sommer gibt es im oberen Günthersburgpark Musikvorführungen open air – kostenlos. Wer mag, kommt einfach vorbei, nimmt auf den Bierbänken Platz oder bringt seinen eigenen Campinghocker oder die Picknickdecke mit. Bei Bratwurst und Pommes lauschen die Erwachsenen den Klängen von der Bühne. Die Kids spielen nebenher auf der Wiese, die auch außerhalb des Kinder-Festivals einen Besuch lohnt. Zahlreiche Schaukeln, Rutschen und Klettergerüste befinden sich in unmittelbarer Nähe.

An bestimmten Tagen ist es andersrum: Dann sind die Kids gefesselt von dem, was auf der Bühne passiert, und die Eltern beschäftigen sich nebenher. Dann läuft das Kinderprogramm des Festivals, und das Stoffel wird zum »Stoffelchen«. Verschiedene Kindertheater zeigen ihre Stücke: Zuletzt stand unter anderem »Das hässliche Entlein« auf dem Programm, aufgeführt vom Galli-Theater aus Frankfurt-Bockenheim.

Für viele Kinder ist es ein ganz neues Erlebnis, die Figuren aus Büchern und dem Fernsehen von Menschen vorgespielt zu bekommen. So auch beim Stück »Ritter Rost« des Theaters Landungsbrücken aus dem Gutleutviertel. Den tollpatschigen und überängstlichen Ritter, der aus Schrott besteht und am liebsten Kompott aus Schraubenziehern futtert, kannten die meisten kleinen Zuschauer bisher nur von Hör-CDs oder aus Kika.

TIPP: Der Abenteuerspielplatz Günthersburg ist in zwei Minuten zu Fuß erreichbar, hier können Kinder unter anderem Hütten bauen und diese auch anmalen.

Adresse Günthersburgpark, Wetteraustraße 7, 60389 Frankfurt-Nordend // **ÖPNV** U 4, Haltestelle Bornheim Mitte; Straßenbahn 12, Haltestelle Günthersburgpark; Bus 34, 38, 43, 69, Haltestelle Bornheim Mitte und den Günthersburgpark bis nach oben durchgehen (Stoffel etwa Höhe Butzbacher Straße 1) // Je nach Theaterstück für Kinder ab drei Jahren, aber auch die Kleineren/Größeren haben hier ihren Spaß.

89_DIE STRASSE NUR FÜR KINDER

Und noch eine Runde durch den Wald

Dieser Spielpark ist ein Phänomen: Er ist riesig, fast sechs Fußballfelder groß. Die Idylle ist kaum zu toppen, der Park liegt mitten im Wald, umsäumt von hohen Bäumen, im Herbst schimmern ihre Blätter in den schönsten Farben. Auch bei den Spielgeräten bleiben keine Wünsche offen: Es gibt ein Wikinger-Boot, auf dem mehrere Kinder schaukeln können, Bolzplätze und Tischtennisplatten. Und doch ist dieser Park fast immer menschenleer.

Man könnte meinen, dass es an der abgeschiedenen Lage liegt, ein Herkommen mit Öffentlichen Verkehrsmitteln macht nicht wirklich Spaß, die Anfahrt mit dem Rad führt durch den Wald. Doch kurioserweise ist der Grillplatz direkt vor dem Spielpark stets gut besucht – während Drehscheibe, Rutsche und Schaukeln dahinter ein einsames Dasein fristen.

So bleibt vielen verborgen, dass es eine Straße nur für Kinder gibt, die um den ganzen Park herumführt. Ist sie nicht gerade mit Laub bedeckt, sieht man die wegweisenden Pfeile und die weißen Markierungen, die die Bahn in Spuren unterteilt. Die Kinderstraße ist optimal, um Fahrrad fahren zu lernen oder mit dem Roller mal richtig Gas zu geben. Wer sie einmal entdeckt hat, hört mit dem Runden-Drehen gar nicht mehr auf.

Dahinter gibt es Bahnen, auf denen Minigolf gespielt werden kann. Holzfiguren von Rehen oder Wildschweinen schauen dabei zu. Die Schläger kann man zu bestimmten Zeiten im Kiosk ausleihen. In Kürze soll hier ein neues Sprühfeld entstehen, das in den Sommermonaten für Erfrischung sorgt.

TIPP: Im Anschluss lecker Streuselkuchen: Etwa einen Kilometer entfernt ist der Waldspielpark am ehemaligen Goetheturm mit dem Restaurant Goetheruh.

Adresse Waldspielpark Scheerwald, Sachsenhäuser Landwehrweg, 60598 Frankfurt-Oberrad // **ÖPNV** Straßenbahn 15, Haltestelle Bleiweißstraße und etwa 30 Minuten zu Fuß oder Bus 48, Haltestelle Am Goetheturm und etwa 1 Kilometer durch den Wald // **Anfahrt** einfacher geht's mit dem Auto, der Park ist gut ausgeschildert, es gibt einen großen Parkplatz gute 200 Meter entfernt // Für jedes Alter.

90_DIE STROHBURG MIT AUSSICHT

Und hinter dir ein riesiges Maislabyrinth

Wo müssen wir noch mal lang, rechts oder links? Oh nein, eine Sackgasse!

Keine Sorge, im Maislabyrinth im Frankfurter Vorort Oberursel ist verirren geradezu ein Muss. Auf einer Fläche von gut vier Fußballfeldern stehen die grünen Maispflanzen dicht an dicht, es macht Kindern riesigen Spaß, sich darin zu verstecken, zu verlieren und wiederzufinden.

Die Irrwege haben jedes Jahr eine andere Gestalt: Mal sehen sie aus wie Asterix und Obelix, mal wie Micky Mouse und Donald Duck oder wie Maus, Elefant und Ente – das kann man zwar nur von weit oben aus der Luft gut erkennen, die Gestalten tauchen aber auch im Labyrinth immer wieder auf, führen auf Infotafeln und mit kleinen Rätseln durch die Maispfade.

Ein echtes Vergnügungs-Highlight befindet sich auf dem Feld nebenan: eine riesengroße Strohburg. Genau wie das Labyrinth sieht sie jedes Jahr anders aus, was aber bleibt, ist der perfekte Blick auf die Frankfurter Skyline. Kleine Kinder sind davon sofort magisch angezogen, klettern drauf, springen herum, Teenager kommen nach der Schule hierher und hängen zwischen den Strohballen einfach nur ab, Eltern genießen die Aussicht, während sie eine Wurst essen.

Ob bei großen oder kleinen Kindern: Langeweile kommt hier bei niemandem auf: Es gibt einen Bobbycar-Fuhrpark, einen Streichelzoo, Planwagenfahrten und zahlreiche Feste, für die zum Beispiel auch eine Märchenerzählerin vorbeikommt.

Adresse Maislabyrinth Weißkirchen, Kurmainzer Straße 136, 61440 Oberursel, www.maisgeister.de // **ÖPNV** S 5, Haltestelle Oberursel (Taunus)-Weißkirchen/Steinbach Bahnhof // **Öffnungszeiten** Sa 14–19 Uhr, So 11–19 Uhr, ab circa Mitte Juli–Ende Sept. // Für Kinder jeden Alters.

91_ DER STRUWWEL-PETER-BAUM

Sieh einmal, hier steht er!

Das ist der drolligste Baum in ganz Frankfurt: der Struwwelpeter-Baum, eine sogenannte Kopfweide, deren Äste und Blätterpracht so wuschelig aussehen wie die Haare vom Struwwelpeter, der sich bekanntlich nie waschen und kämmen wollte. Der Baum hat zwei riesige Glupschaugen, die an Spiralen hängen und in der Dunkelheit sogar leuchten. Für Kinder wie Erwachsene ein totaler Hingucker!

Dieser Baum verbindet zwei berühmte Frankfurter Persönlichkeiten: Die eine ist Heinrich Hoffmann, der Erfinder des Struwwelpeters, der vor 200 Jahren in Frankfurt gelebt hat. Ihm zu Ehren gibt es auch einen Struwwelpeter-Brunnen, das Struwwelpeter-Museum und Struwwelpeter-Restaurants in der Stadt.

Die andere Persönlichkeit ist Friedrich Karl Waechter, Kinderbuchautor und Karikaturist. Er war ein großer Naturliebhaber, 2006 hat er sich den Struwwelpeter-Baum ausgedacht und ganz am Ende der Schwanheimer Wiesen aufgestellt – vielleicht auch deshalb, weil seine eigene Frisur nicht minder lebhaft war.

Hin und wieder muss der Baum »frisiert« werden. Dann rückt ein Gärtnerteam an und schneidet das komplette Haupthaar ab. Nur Baumstamm und Glupschaugen bleiben übrig. Das sieht ein bisschen mickrig aus, aber diese Arbeit ist nötig, weil die Äste sonst zu lang und zu schwer würden und der Baum sie nicht mehr tragen könnte.

Adresse Alte Wiese, 60529 Frankfurt-Schwanheim, barrierefrei // **ÖPNV** Straßenbahn 12, Haltestelle Rheinlandstraße und etwa 10 Minuten zu Fuß die Schwanheimer Bahnstraße entlang Richtung Wald und die Schwanheimer Wiesen bis zum Ende, in der Nähe der Kreuzung von Mittelweg und Diezelschneise // **Anfahrt** kleiner öffentlicher Parkplatz etwa Höhe Schwanheimer Bahnstraße 98 // **Öffnungszeiten** jederzeit // Für jedes Alter geeignet.

92_DIE SUPERLANGE ROLLTREPPE

42 Meter in 99 Sekunden

Erwachsene sehen es mit gemischten Gefühlen, aber das ändert nichts an der Tatsache: Kinder LIEBEN Rolltreppen. Es ist so herrlich aufregend, im richtigen Moment den Fuß zu heben und auf die Treppe zu setzen. So schön das Gefühl, an allem vorbeizugleiten. Spannend immer wieder auch das Ende, wenn man rechtzeitig den Abgang schaffen muss.

Cool: Mitten in Frankfurt, im Shoppingcenter MyZeil, gibt es eine Rolltreppe, die in Europa einzigartig ist. Sie ist »die längste innenliegende freitragende Rolltreppe« des Kontinents und misst 42 Meter. Expressway nennt sich der Spaß, bei dem man aufsteigt und an sechs Einkaufs-Etagen vorbei bis nach oben getragen wird. Vorbei an den vielen bunten Geschäften und dem lebhaften Gewusel, über das offene Eiscafé, dem gläsernen Dach entgegen. Da kribbelt es im Kinderbauch!

Klare Sache, dass man da keine Faxen machen darf. Kleine Kinder werden am besten von Mama oder Papa an die Hand genommen. Wer mag, kann mitzählen: In 99 Sekunden, so versprechen die MyZeil-Betreiber, ist man oben angekommen. Spätestens dann hören Eltern das berühmt-berüchtigte »Noch mal!« von ihren Kindern. Wieder herunterzukommen, ist allerdings etwas umständlicher, dafür gibt es keine durchgehende Rolltreppe mehr, sondern viele einzelne. Aber hey, egal: Das sind auch Rolltreppen, und die machen beim Herunterfahren den Kids genauso viel Spaß.

> **TIPP:** Wer noch höher hinauswill: In 15 Kinderfußminuten ist man am Main Tower (Neue Mainzer Straße 52–58), die höchste Aussichtsplattform der Stadt.

Adresse MyZeil, Zeil 106, 60313 Frankfurt-Innenstadt // **ÖPNV** S1–S6, S8, S9, U1, U2, U3, U6, U7, U8, Haltestelle Hauptwache // **Öffnungszeiten** Mo–Mi 10–20 Uhr, Do–Sa 10–12 Uhr // Ab zwei Jahren – Hauptsache an die Hand nehmen!

93_DIE SUPERMARKT-SPIELAUTOS

Kurven durch die Obstabteilung

Eltern kennen das Dilemma: Nach der Schule oder dem Kindergarten wollen Kinder eigentlich gar nichts mehr machen. Dann steht nur noch Spielen oder »Rumhängen« auf dem Wunschprogramm. Dummerweise ist aber der Kühlschrank leer, selbst für Nudeln mit Pesto reichen die Vorräte nicht mehr, und schon geht bei Eltern die große Überzeugungsarbeit los, die Kids noch mit in den Supermarkt zu kriegen.

In diesem Fall dürfte die Überzeugungsarbeit recht schnell vorbei sein: Beim Supermarkt-Giganten REWE gibt es Einkaufswagen, die zum Spielauto umfunktioniert sind. Sie sind in ganz Frankfurt verteilt, einige fahren durch den großen REWE im Stadtteil Sachsenhausen in der Textorstraße oder durch die Filiale im Straßenbahndepot in der Heidestraße in Bornheim – die meisten jedoch befinden sich im REWE Center in der Mainzer Landstraße 330 im Stadtteil Gallus.

Win-win-Situation: Hier wird Einkaufen von der lästigen Pflichtaufgabe zum Fahrspaß, und das dank der unglaublichen Öffnungszeiten auch ganz ohne Zeitdruck: Die Kids nehmen vorne Platz und haben das Gefühl, ihr buntes Auto an Obstregalen und Käsetheke eigenmächtig vorbeizusteuern – obwohl es natürlich Mama oder Papa sind, die Richtung und Geschwindigkeit des Einkaufswagens vorgeben. Beim Stopp an der Wursttheke gibt's für die Kleinen übrigens immer ein Stück Wurst. Das, so verspricht der Lebensmittel-Konzern, ist beim Einkaufen im Spielauto inklusive.

> **TIPP:** Fünf Minuten Fußmarsch entfernt ist der Spielplatz Quäkerwiese, einer der beliebtesten Treffpunkte des Gallus-Viertels mit Eisdiele nebendran.

Adresse REWE Center, Mainzer Landstraße 330, 60326 Frankfurt-Gallus // **ÖPNV** Straßenbahn 11, 21, Haltestelle Schwalbacher Straße // **Öffnungszeiten** Mo–Fr 7–24 Uhr, Sa 7–23.30 Uhr // Für alle Altersklassen: Hauptsache man kann sitzen.

94_DER SWIMMING-POOL

Hässliche Gullydeckel schön gemacht

Die meisten Erwachsenen laufen über Gullys achtlos drüber. Ist halt der Eingang für einen Schacht, der zum Abwasserkanal führt. Punkt. Auf kleine Kinder hingegen übt so ein schnöder Betondeckel eine unfassbare Anziehungskraft aus – und so kommt es nicht selten vor, dass sie sich draufstellen, wippen und einfach glücklich sind, wenn dabei ein leises Geräusch entsteht.

Diese kindliche Faszination für Gullydeckel teilt der Frankfurter Künstler Philipp Alexander Schäfer. Gullys sind sein Spezialgebiet – in ganz Frankfurt verschönert er die trostlosen Kanaleingänge aus Metall und Beton. Zu sehen ist zum Beispiel sein »Roulette-Gully« am Willy-Brandt-Platz, der runde Deckel ist schwarz und rot angestrichen und mit filigranen weißen Zahlen verziert. Am Friedberger Platz in der Nähe der Apotheke steht sein Lieblingsprojekt: Der »Swimmingpool«, mit echter Swimmingpool-Farbe bemalt, anschließend versiegelt und daher noch viele Jahre zu bewundern. Am Tag, als er den Gully verschönerte, standen zahlreiche Kids um ihn herum und haben die Entstehung des Kunstwerkes bestaunt.

Für Philipp Alexander Schäfer symbolisieren Gullys den Eingang zu einer geheimen Unterwelt. Manchmal steckt er daher auch Dinge in die Gullylöcher hinein – dann sieht es zum Beispiel so aus, als würde der noppenbehaftete Schwanz eines Unterwasser-Ungeheuers aus dem Gully herauslugen. Schön war auch sein Toastbrot-Gully: Aus den vier Gully-Schlitzen in der Mitte ragten vier fertig getoastete Brote heraus – die sind aber nur noch online zu sehen.

Adresse Friedberger Platz, 60547 Frankfurt-Nordend, weitere Werke auf www.philippalexanderschaefer.de // ÖPNV Straßenbahn 12, 18, Haltestelle Friedberger Platz // Interessant ab circa fünf Jahren.

TIPP: Freitagabends findet hier der berühmte Friedberger Markt statt – das ist ein großes Gewusel und daher nicht den allerkleinsten Kindern zu empfehlen. Für die gibt es aber zum Glück direkt dahinter einen Spielplatz.

95_DIE TANNENWALD-SKATEBAHN

Ein wildes Auf und Ab

Ein Hauch von Dornröschen-Schlaf lag in den vergangenen Jahren über diesem 60er-Jahre-Park an der Grenze zu Neu-Isenburg. Die heiß geliebten Wasserspiele waren ständig kaputt, Familien kamen in freudiger Erwartung hierher und kehrten enttäuscht wieder um. Zuletzt wurde der Wasserbereich komplett stillgelegt und mit rot-weißem Baustellenband abgesichert. Kein schöner Anblick, kein Place-to-be mit Kindern, zumal auch die Toiletten hinüber waren. Das hat sich im Sommer 2018 geändert, eine neue, hochmoderne Sprühanlage wurde eingeweiht und dem Park damit wieder Leben eingehaucht. An heißen Sommertagen zischt und spritzt es aus allen Ecken. Die Kids haben ihren Spaß daran, die Düsen zuzuhalten, plötzlich loszulassen und riesige Fontänen zu erzeugen. Auf den neuen Bänken und frisch angelegten Rasenflächen schauen die Eltern von der Picknickdecke aus zu oder drehen selbst eine Runde auf dem Spritz-Parcours.

Es macht wieder Spaß, diesen Platz zu besuchen und neu zu entdecken. Wer sich hinter den Wasserspielen etwas weiter in den Waldspielpark hineinwagt, trifft auf ein weiteres, leicht verstecktes Highlight: die kleine Skateanlage, auf der Kids mit Skateboards, Rollern und Co. im Kreis auf und ab rollen können. Aber auch ohne mitgebrachtes Fahrgerät macht die Bahn Spaß. Kinder lieben es, auf diesem geschwungenen Terrain einfach nur umherzulaufen und Fangen zu spielen.

Adresse Waldspielpark Tannenwald, Friedensallee 123, 63263 Neu-Isenburg // ÖPNV Straßenbahn 17, Haltestelle Neu-Isenburg Stadtgrenze und etwa 20 Minuten zu Fuß // Für jedes Alter.

96_DIE TELLER-SCHMIEDE

Mal dir dein Lieblings-Geschirr

Schon beim Betreten der kleinen Frankfurter Keramik-Kunstschule Coloria wird klar: Hier geht es um Farben! Alles ist bunt, selbst die Stühle sind farbenfroh betupft und mit Blümchen verziert. Optimale Vorrausetzungen also, um drauf Platz zu nehmen und sein eigenes Stück Keramik zu kreieren.

Zu Beginn steht jedoch die schwierige Frage: Soll es ein Teller sein? Eine Tasse? Oder vielleicht eine Zuckerdose? Grundsätzlich gilt: Je kleiner die Keramik, desto kleiner der Preis. Zahlreiche handgemachte Töpferwaren stehen in einem großen Regal bereit. Nur sind sie halt noch schneeweiß und etwas rau und warten darauf, verschönert zu werden.

Wer zum ersten Mal hier ist, entscheidet sich am besten für einen Teller. Schön flach, keine Rillen, einfach zu bemalen. Nach einer kleinen Einführung von einer Mitarbeiterin kann es losgehen: Schürze an, Pinsel schnappen, Lieblingsfarben aussuchen. Mit denen kann der Teller bemalt, betupft, »gekratzt« oder mit anderen Techniken bearbeitet werden. Je nachdem, wie viel Liebe man in diese Aktivität steckt, kann das gut und gern zwei Stunden dauern. Bei schönem Wetter kann auch draußen im Garten gemalt werden.

Wenn etwas danebengeht: Nicht weiter tragisch, alle Farben sind wasserlöslich, lassen sich aus der Kleidung also leicht wieder rauswaschen. Mitnehmen kann man seine Keramik eine Woche später, sie wird noch glasiert und im Ofen gebrannt. Ein Besuch im Coloria ist eine wunderbare Beschäftigung für die ganze Familie – und dabei entsteht auch noch etwas, das sich im Übrigen herrlich als Geschenk für Oma, Opa oder Freunde eignet.

TIPP: Im Anschluss eine vegane Pizza im Veggie House direkt um die Ecke.

Adresse Coloria, Eschersheimer Landstraße 82, Frankfurt-Nordend // **ÖPNV** U 1, 2, 3, 8, Haltestelle Holzhausenstraße // **Öffnungszeiten** Di–Do 14–19 Uhr, Fr, Sa 11–19 Uhr, So Mai–Aug. 14–19 und Sept.–April 11–19 Uhr, mehr unter www.coloria.de // Für Kinder ab vier Jahren.

97_DIE TIPI-ZELTE IM OBERWALD

Trau dich rein und nimm Platz!

Sie sind verdammt gut getarnt. Nur wer die Augen richtig doll zusammenkneift, kann sie im Hell-Dunkel-Kontrast des Waldes erkennen. Die Tipis, selbst gebaut aus langen Ästen und Gestrüpp. Gleich mehrere dieser außergewöhnlichen Zelte befinden sich abseits der ausgewiesenen Wanderwege im Oberwald, dem nördlichen Teil des Frankfurter Stadtwaldes. Wer von der Babenhäuser Landstraße kommt, geht hinter der Eingangspforte etwa 50 Meter geradeaus und dann rechts ins Gehölz.

Nach einem kurzen Marsch über Laub und vermooste Äste hinweg (auf dem auch gern mal Rehe an einem vorbeihuschen) tauchen die hölzernen Tipis auf, und die Entdeckungstour beginnt. Kinder lieben es, selbst Hand anzulegen, Äste zu suchen, zu schleppen, aufzustellen, in die Tipis reinzugehen und idealerweise sogar darin Platz zu nehmen. So mancher »Bauherr« ist nämlich so patent, dass er das hölzerne Zelt rund um einen abgesägten Baumstamm entstehen lässt, Sitzgelegenheit also inklusive. Viele Kinder sind so stolz auf ihre Bauwerke, dass sie Zettel mit der Aufschrift »Bitte nicht kaputt machen« hinterlassen.

Unweit von hier haben vor vielen Jahren tatsächlich Menschen im Wald gelebt. Um gegen den Ausbau des Frankfurter Flughafens zu demonstrieren, bauten Aktivisten Hütten aus Holz. Es entstand ein ganzes Hüttendorf, in dem die Flughafen-Gegner eine Zeit lang wohnten. Als feste Bleibe taugen die Tipis zwar nicht – sie zu bauen, ist aber eine wunderbare Gemeinschafts-Aktion für einen Nachmittag. Mit etwas Glück steht es beim nächsten Besuch immer noch da.

TIPP: Gute fünf Minuten Fußmarsch entfernt ist ein riesiger Sportplatz (mit toller Tribüne), auf dem Fußball- und Hockeymannschaften trainieren.

Adresse zwischen dem Hainer Weg und der Wartschneise im Stadtwald, 60599 Frankfurt-Sachsenhausen // **ÖPNV** Bus 30, 36, Haltestelle Hainer Weg, dann rechts runter in den Wald // Für Kinder jeden Alters spannend.

98_DIE TÖPFERWERKSTATT

Kneten macht glücklich

Kinderhände sind hier voll in Action. Sie kneten wilder als beim Plätzchen-Backen, formen schönere Figuren als in jedem Kunstunterricht, verzieren das Werk im Anschluss mit Kügelchen und Gravuren. Einmal in der Woche findet in der Töpferwerkstatt von »Made by you« im Frankfurter Ostend freies Töpfern statt. Jeder, der mag, kann spontan vorbeikommen, sich eine Schürze anziehen und loslegen, das Alter spielt keine Rolle.

Im Paket-Preis inbegriffen sind 500 Gramm Ton, erst einmal als unförmiger Klumpen natürlich. Aus dem gilt es nun, etwas Schönes zu machen: einen Stern mit kleinen Verzierungen, einen süßen Igel mit langer Schnauze und kleinen Kulleraugen oder einfach nur einen gepunkteten Untersetzer. So oder so gibt es stolze Kinderaugen!

Arbeitsutensilien stehen zur freien Verfügung – jeder darf gestalten, was er mag, und so lange bleiben, wie er möchte. Mit maximal zehn Personen sitzt man beim freien Töpfern an einem großen Tisch. Mitnehmen kann man die Figuren allerdings erst zwei Wochen später, sie müssen noch gebrannt werden. Wer mag, kann seine Figur im Anschluss bemalen, das kostet allerdings extra.

Das freie Töpfern findet ohne Anleitung statt – wer es von Anfang an professionell angehen möchte, kann online einen richtig offiziellen Kinder-Töpferkurs buchen. Auch das Töpfern an der Drehscheibe kann man hier erlernen. Dafür braucht man allerdings so viel Kraft, dass es Kindern erst ab 14 Jahren empfohlen wird.

Adresse Made by you, Linnéstraße 33, Frankfurt-Ostend, www.madebyyou-frankfurt.de // **ÖPNV** U 4, Haltestelle Höhenstraße; Straßenbahn 11, Haltestelle Habsburger-/Wittelsbacherallee // **Öffnungszeiten** Di–So 12–20 Uhr, freies Töpfern immer Mi 13–18 Uhr // Je nach motorischen Fähigkeiten.

99_ DAS U-BOOT-KLO

Sitzung mit Unterwasser-Guckloch

Bei Kindern entscheidet sie über Freud und Leid der ganzen Familie: die Kunden-Toilette. Plötzlich besteht größte Not, in Sekundenschnelle muss eine her, welch Erleichterung bei Kind und Eltern, wenn man sie rechtzeitig erreicht.

Im Globetrotter im Frankfurter Ostend lohnt sich ein Toiletten-Abstecher auch dann, wenn man kein dringendes Bedürfnis hat. Das Klo im dritten Stock des Outdoor-Ausrüsters ist das kreativste der Stadt, es sieht aus wie ein kleines U-Boot. Die Wände sind dunkelbraun und mit dicken Schrauben übersät, am Rand hängt ein altes Barometer, braune Rohre führen von der Decke herab.

Wer einmal Platz genommen hat, schaut durch ein kreisrundes Guckloch, in dem permanent ein Unterwasser-Video läuft. Taucher gleiten an einem vorbei, zahlreiche Robben schießen durchs Bild und kommen (»Huuuch!«) ganz dicht an die Scheibe heran.

Originell ist auch die Soundkulisse: Regelmäßig piepsen die typischen Sonargeräusche, etwa alle drei Minuten gibt es einen Alarm, ein permanentes Klingeln – das sorgt sicher auch dafür, dass keiner diesen Raum unnötig lange blockiert.

Das Tollste aber kommt zum Schluss: das Abziehen, für das es hier natürlich keinen Knopf, sondern einen Hebel gibt. Ist der erst einmal heruntergedrückt, ertönt ein lautes Blubbern. Spätestens dann fängt jeder Toiletten-Gast, ob groß oder klein, zu schmunzeln an. Eine Pipi-Pause im Globetrotter ist also auf jeden Fall Pflichtprogramm.

TIPP: Der riesige Ostpark ist etwa 15 Minuten entfernt – mit zahlreichen neuen Spielgeräten.

Adresse Globetrotter, Grusonstraße 2, Ecke Hanauer Landstraße, 60314 Frankfurt-Ostend // **ÖPNV** U 6, Straßenbahn 11, 14, Bus 31, 32, Haltestelle Ostbahnhof // **Öffnungszeiten** Mo – Sa 10 – 20 Uhr //
Besonders lustig für Kinder ab drei Jahren.

100_DIE URALTE LANDEBAHN

Freie Fahrt für dich und dein Rad

Der Alte Flugplatz Bonames ist der ideale Ort, um neue Fortbewegungsmittel auszuprobieren: Fahrräder, Skateboards, selbst große Stoff-Pferde mit Rollen unter den Hufen werden von zu Hause mitgebracht und die ehemalige Landebahn hoch- und runtergerollt. Die Bedingungen sind optimal: Die Strecke ist 750 Meter lang und relativ Hubbel-frei, Autos gibt es keine, dafür viel Natur drum herum. Vor allem am Wochenende kommen viele junge Eltern hierher – schwer bepackt mit dem Fuhrpark ihrer Kinder.

Früher landeten hier amerikanische Hubschrauber, nach dem Zweiten Weltkrieg war das Gelände Übungsplatz des US-Militärs. Nachdem die Einheit 1992 geschlossen wurde, hat man das Gebiet (das immerhin sechs Fußballfelder groß ist) komplett verändert: Es wurde unter Landschaftsschutz gestellt. Von der Landebahn abgesehen haben die Planer alles darangesetzt, dass sich die Natur ihren Raum zurückerobert.

Es gibt mehrere Teiche und Tümpel, weite Wiesen mit Hunderten Maulwurfshügeln. Wenige Meter von der Landebahn entfernt fließt die Nidda, und hier trifft man auch das Grüngürteltier, das einigen Frankfurter Kids schon bekannt ist. Es liegt, als bronzene Statue, ganz entspannt auf der Fußgängerbrücke, die über den kleinen Fluss führt.

Auf dem Gelände befinden sich außerdem ein Feuerwehr- und ein Bienenmuseum und eine Mitmach-Werkstatt. Die sogenannten Aeronauten bieten regelmäßig am Wochenende offene Workshops an, in denen man Raketen oder Drachen bauen lernen kann.

Adresse Alter Flugplatz Bonames, Am Burghof 55, 60437 Frankfurt-Bonames // **ÖPNV** S 6, Haltestelle Frankfurter Berg Bahnhof, dann Bus 27, Haltestelle Frankfurt Nordpark/Alter Flugplatz // **Öffnungszeiten** jederzeit // Hier haben Kinder jeden Alters Spaß.

101_DAS VERSTECKTE SPIELZIMMER

Rein ins Bällebad!

Das Småland bei IKEA kennen und schätzen viele Familien: Während sich die Kids in dem Kinderland austoben, gehen die Eltern entspannt einkaufen. Es gibt aber auch andere Möbelhäuser, die tolle kostenlose Spielbereiche für die Kleinsten hergerichtet haben. Allen voran Flamme Möbel in der Hanauer Landstraße.

Geht man in dem weitläufigen Geschäft an Sofas und Esstischen vorbei bis ans hintere Ende, gelangt man in den »Großstadtdschungel«. Ein offener Raum für Kids, dem die Bezeichnung Spielecke schon aufgrund seiner Größe nicht mehr gerecht wird. Das riesige Bällebad springt sofort ins Auge. Tausende bunte Plastikbälle warten geradezu darauf, dass die Kids ihre Schuhe ausziehen, hineinspringen und abtauchen. Daneben liegen riesige Lego-Steine, die nach Lust und Laune gestapelt werden können, es gibt Bücher und Kreide in allen Farben. Eine Wand des Spielzimmers ist beschichtet, fungiert also als überdimensional große Tafel.

Man spürt geradezu, dass die Dekorateure den Raum mit viel Liebe hergerichtet haben. Das Dschungel-Motto taucht dabei immer wieder auf: Über dem Bällebad hängen Affen, an der Wand schlängelt sich eine riesige Plüsch-Boa, Papageien, Elefanten und Pandabären aus Stoff sitzen in den Ecken und machen sich natürlich nichts daraus, dass sie sich in freier Wildbahn nie begegnen würden.

Praktisch für Eltern: Direkt neben dem Spielbereich befindet sich die ebenfalls offen angelegte Kaffee-Bar des Möbelhauses.

> **TIPP:** Mit dem Auto ist man in zehn Minuten beim Riedbad Bergen-Enkeim, einem der tollsten Bäder der Stadt mit Indoor- und Outdoorbereich. Wie in allen Frankfurter Bädern ist auch hier der Eintritt für alle unter 15 frei.

Adresse Flamme Küchen + Möbel, Hanauer Landstraße 433, 60314 Frankfurt-Ostend, barrierefrei, www.flamme.de/orte-frankfurt // **ÖPNV** Straßenbahn 11, 12, Haltestelle Daimlerstraße // **Öffnungszeiten** Mo–Fr 10–19 Uhr, Sa 10–18 Uhr // Für Kinder bis etwa sechs Jahre.

102_ DAS WALD-SCHWIMMBAD

Plansch dich glücklich!

Auch wenn das Waldschwimmbad Neu-Isenburg etwas außerhalb von Frankfurt liegt: Das dortige Kleinkindbecken ist mit so viel Liebe gestaltet worden, dass es einen Platz in diesem Buch verdient. Seit 2018 lässt es keine Kleinkinder-Wünsche mehr offen.

Es gibt einen Wasserkanal, in dem auch diejenigen oben bleiben, die noch nicht ganz so laufsicher sind. Eine flache Rutsche führt von einem Teil des Beckens in den anderen. Sie ist so breit, dass man sich während des Rutschens einmal um die eigene Achse drehen kann. Am Beckenrand liegt eine lange gelbe Schlange, der Wasser aus den Nasenlöchern spritzt. Ganz sanft natürlich, wir sind ja schließlich im Kleinkindbecken. Drei große Sonnenschirme spenden Schatten.

Während die Kleinen im flachen Wasser spielen, sitzen die Eltern auf den leichten Erhöhungen im Becken und lassen die Füße ins Wasser baumeln. Bei einer Temperatur von knapp 30 Grad herrlich. Kein Wunder, dass auch die größeren Kids gern immer wieder vorbeikommen und sich aufwärmen. Ihr Schwimmerbecken ist deutlich kühler und tiefer, hat mit einer Rutsche und einem Wasserpilz aber etwas mehr Action zu bieten. Wer sich traut: Es gibt Sprungtürme bis zu einer Höhe von zehn Metern.

Einen Kiosk hat das Waldschwimmbad natürlich auch. Pommes und Eis isst man am besten auf der Wiese in der Nähe des Kleinkindbeckens, dort ist es dank der zahlreichen Bäume schattig.

Adresse Waldschwimmbad Neu-Isenburg, Alicestraße 118, 63263 Neu-Isenburg // **ÖPNV** S-Bahn S 3, S 4, Haltestelle Neu-Isenburg Bahnhof, im Anschluss Bus OF-95, Haltestelle Neu-Isenburg Brunnenstraße // **Anfahrt** besser über die Darmstädter Landstraße, vor dem Schwimmbad gibt es zahlreiche Parkplätze // **Öffnungszeiten** Hallenbad täglich 7–20 Uhr, Freibad siehe www.waldschwimmbad-neu-isenburg.de // Für Kinder jeden Alters.

103_DER WASSERFALL

Eiskalter Spaß für Klein und Groß

An heißen Sommertagen gibt es für Frankfurter Kinder nichts Schöneres, als Badekleidung, Sonnenhut und Handtuch einzupacken und hierherzukommen. Der Günthersburgpark im Nordend ist ein Paradies für Kinder, die Stadt selbst bezeichnet ihn zu Recht als Spielpark, es gibt mehrere Spielplätze und im unteren Bereich ein Wassersprühfeld, das Kinder (und Erwachsene) lieben. Großartig: Es kostet nichts!

Am Rand der Wasseranlage liegen korpulente Männer und Frauen aus Stein, aus denen das Wasser im hohen Bogen über das kreisrunde Feld spritzt. Kinder sind verrückt danach, auf diesen Figuren herumzuklettern, den Wasserstrahl zuzuhalten und wieder loszulassen. In der Mitte steht ein großes, etwas undefinierbares Konstrukt, aus dem es in alle Richtungen spritzt. »Erdhaufen aus Stein« sagen die Kids dazu, oder »braune Stein-Welle«. Darin gibt es eine kleine Rutsche – wer sich traut, rutscht also mitten in einen Wasserfall hinein! Nase zu und eins, zwei, drei... kreisch!

Dieses Vergnügen ist in der Regel den absolut überzeugten Wasserratten vorbehalten. Das Wasser ist nämlich eiskalt, und die Wasserstrahlen sind relativ dick. Wer das erste Mal von einem getroffen wird, stößt in der Regel einen kleinen Schreckensruf aus. Die ganze Anlage müsste daher eher Spritzfeld als Sprühfeld heißen, was sie aber nicht minder toll macht.

Drum herum auf dem Gras sieht man Picknickdecken, Kinderwagen und Lastenfahrräder. Im Schatten der großen Bäume schauen die Eltern ihren Großen beim Spritzen zu.

Adresse Wasserspiele im Günthersburgpark, Wetterautraße 7, 60389 Frankfurt-Nordend // ÖPNV U 4, Haltestelle Bornheim Mitte; Straßenbahn 12, Haltestelle Günthersburgpark; Bus 34, 38, 43, 69, Haltestelle Bornheim Mitte // Für Kinder jeden Alters.

TIPP: Im Anschluss ein leckeres Brot mit Tomaten und Schafskäse beim kleinen Griechen in der oberen Parkanlage holen.

104_DER WASSERPFAD

Kurbeln, bis es spritzt

Was lieben alle Kinder? Wasser! Und davon gibt es auf dem kostenlosen Wasserlehrpfad des Energieversorgers Mainova mehr als genug. Hier plätschert es an jeder Ecke, die Kids können ihre mitgebrachten Gummitiere schwimmen lassen und bekommen Antworten auf ihre Fragen rund um dieses wichtige Element: Wo kommt das Wasser her, das aus unserem Wasserhahn kommt? Wo fließt es wieder hin? Und: Kann Wasser irgendwann alle sein?

Für Kinder sind vor allem die Mitmach-Stationen toll. Gleich zu Beginn des Parcours kann man Wasser zum Beispiel aus dem Boden pumpen und mit Hilfe einer Kurbel nach oben befördern (Gummistiefel!). Wer Kraft hat, kann in einer großen Wassersäule sogar einen »Tornado« erkurbeln. Auf diese ganze Anstrengung gibt es im Anschluss einen Schluck Wasser, natürlich aus dem Trinkwasserbrunnen.

Der Wasserpfad liegt ziemlich versteckt am Rand des sogenannten Wasserparks, einem der ältesten Parks der Stadt. Er ist ruhig, schattig, umzäunt und bietet viel Auslauf – schon aufgrund des gut 200 Meter langen Holzsteges, der die einzelnen Lehr- und Mitmachstationen miteinander verbindet. Darauf zu laufen, macht Spaß! Die Info-Tafeln sind manchmal etwas kompliziert – sobald von Mama oder Papa aber in Kindersprache übersetzt, geht das Staunen los: Wow! Für einen Liter Milch werden 1.000 Liter Wasser verbraucht?!? Für ein Ei 200 Liter?!? Wahnsinn! Hier lernen Kids Dinge, von denen sie ganze Rückfahrt garantiert noch fröhlich plappern werden.

Adresse Wasserpark, Dortelweiler Straße 105, 60389 Frankfurt-Bornheim, www.mainova-wasserlehrpfad.de // ÖPNV Bus 34, Haltestelle Friedhof Bornheim (direkt davor) oder Straßenbahn 18, Bus 30, Haltestelle Wasserpark // Öffnungszeiten April Mo–So 8–19 Uhr, Mai–Aug. 8–20 Uhr, Sept. 8–19 Uhr, Okt. 8–18 Uhr // Für alle Kinder geeignet. Je älter, umso höher natürlich der Lerneffekt.

105_DIE WINZIGEN PONYS

Dein Laufrad ist größer

Eine der tollsten Sachen vorab: Der Kobelt-Zoo im Stadtteil Schwanheim kostet keinen Eintritt. Er finanziert sich ausschließlich aus Spenden, hat aber trotzdem zahlreiche Tiere. Es gibt Affen, Ziegen, sehr dicke Schweine, Schlangen, Enten, Kaninchen und viele, viele mehr. Insgesamt 50 Arten sind hier in Käfigen, Ställen und Terrarien zu Hause.

Kleine Kinder lieben die Zwergponys, die ihr Gehege am Eingang haben. Die sind noch kleiner als sie selbst und haben eine herrlich wuschelige Mähne. Faszinierend sind auch die Esel – sie stehen oft in Reih und Glied hintereinander und zeigen über Minuten keine Regung. »Sie haben so viel Hunger, dass sie sich nicht bewegen können«, mutmaßt die siebenjährige Ronja, die mit ihrem Papa gekommen ist. Ein Pfleger beruhigt: »Die genießen einfach nur die Sonne.«

Der Zoo ist gut überschaubar und mit Liebe fürs Detail gestaltet. Die Gucklöcher, die die Sicht auf den Ententeich freigeben, haben zum Beispiel selbst die Form einer großen Ente und liegen so niedrig, dass auch die allerkleinsten Kids sie erreichen.

An heißen Sommertagen schätzen Besucher die vielen Schatten spendenden Bäume. Es gibt einen Kiosk und einen Spielplatz. Familien aus den umliegenden Stadtteilen sind in den warmen Monaten oft jedes Wochenende hier – andere haben von dem kleinen Tierreich noch nie etwas gehört und sind begeistert. Am Ausgang wird darum gern etwas in die Spendenbox geworfen. Sie macht bei jeder Münze ein herrliches »Klong«, am besten also viel Münz-Geld mitbringen.

Adresse Kobelt-Zoo, Schwanheimer Bahnstraße 5, 60529 Frankfurt-Schwanheim, www.kobelt-zoo.de // **ÖPNV** Straßenbahn 12, Haltestelle Rheinlandstraße // **Öffnungszeiten** 1. Mai (großes Eröffnungsfest!)–Sept. Sa 14–19 Uhr, So und an Feiertagen 10–19 Uhr // Für jedes Alter.

TIPP: In unmittelbarer Nähe (drei Autominuten) befindet sich der perfekte Platz zum Frankfurt-Marathon-Gucken. Der VfL Goldstein organisiert etwa auf Höhe Zur Frankenfurth/Ecke Staustufe jährlich ein Event mit Leinwand, Musik und Verpflegung. Die Kids kommen direkt und ohne Drängelei an die Strecke.

106_DIE WOOOOW-LANDEBAHN

Flugzeuge direkt über deinem Kopf

Flugzeuge schauen macht Spaß! Nicht nur für Kinder ist es faszinierend, wenn die riesigen Flieger über die Köpfe hinwegdonnern und in unmittelbarer Nähe zur Landung ansetzen. Es gibt eine bekannte Aussichtsplattform an der A 3 – aber viel toller ist es, wenn man den Flugzeugen nicht direkt an einer ICE-Strecke oder der röhrenden Autobahn zuschaut, sondern ganz in Ruhe, ohne Verkehr und mit viel Bewegungsfreiheit.

Das geht in der Nähe des Mönchwaldsees in Kelsterbach. Hier gibt es einen Fußgängerweg direkt an der Landebahn, die Maschen des Zauns sind so groß, dass man herrlich durchgucken kann. In Hochzeiten kommt alle drei Minuten ein Flugzeug runter. Schon von Weitem sind ihre hellen Scheinwerfer zu sehen. Welche Bahn der Pilot wohl ansteuert?

Beeindruckend, wenn die Flieger immer näher und näher kommen, immer tiefer und tiefer fliegen und direkt auf Augenhöhe aufsetzen. Die Kids hören, wie die Maschine beim Landen quietscht und ächzt, und staunen über den weißen Rauch, der durch den Bremsvorgang entsteht.

Wer hierherkommt, bringt am besten Lauf- und Fahrräder mit. So legt sich der Weg vom Parkplatz durch den Wald zur Landebahn am schnellsten zurück – und wer richtig Muckis in den Beinen hat, dreht noch eine ganze Runde um die Landebahn (acht Kilometer).

> **TIPP:** In den Sommermonaten (Wochenende) vom Parkplatz aus zum Main spazieren und mit der Fähre rüber nach Hattersheim-Okriftel fahren. Dort auf der Uferbar-Wiese ein leckeres Eis futtern und im Liegestuhl chillen.

Adresse Mönchwaldsee, 65451 Kelsterbach // **ÖPNV** besser mit Auto anreisen // **Anfahrt** von der B 43 kommend in der Okrifteler Straße die 2. Möglichkeit rechts abbiegen zum Waldparkplatz – von dort am See vorbei geradeaus Richtung Landebahn laufen // Aufgrund des Weges vom Parkplatz zur Landebahn: Für Kinder ab drei Jahren.

107_DER YUANFA ASIA MARKT

Hier macht alles winke, winke

Als Erwachsener huscht man hier einfach vorbei, Kinder hingegen stoppen sofort. Im asiatischen Supermarkt YuanFa mitten in der City winkt im Schaufenster alles: kleine, dicke Buddhas, bunte Blumen, goldene Katzen, Pandabären … Dutzende Figürchen heben gleichzeitig ihre Pfote oder Hand. Da muss man als Kind automatisch zurückwinken.

Kinder, die aus dem Ich-zieh-alles-aus-den-Regalen-raus-Alter heraus sind, sollten unbedingt in den Supermarkt hineingehen und sich das Sortiment in den engen und etwas chaotischen Gängen anschauen. Hier gibt es Dinge, die beim normalen Supermarkteinkauf garantiert nicht im Einkaufskorb landen. Frittierte Fischinnereien in der Tüte, Tintenfische ohne Haut, schwarze Augenbohnen aus der Dose, Reisblätter, Bockshornkleesamen, Kokosnüsse in allen Varianten. Erstaunte Kindergesichter inklusive. Manchmal muss man die Packung mehrmals drehen und wenden, um den Inhalt identifizieren zu können, oder anschließend auf Google recherchieren, was das denn genau war.

Wer mutig ist, bereichert gleich den heimischen Soßen-Vorrat. Es gibt eine schier unfassbare Anzahl an Fisch-, Soja- und Chillisoßen (keine Sorge, Letztere gibt es auch in süß-sauer, also nicht ganz so scharf). Und wer noch vor Ort etwas Asiatisches verputzen möchte, kauft sich eine Tüte Krabben-Cracker. Kann man herrlich vertilgen, während man einen letzten Blick auf die Winke-Parade im Schaufenster wirft.

TIPP: In unmittelbarer Nähe steht der Dom – wer es schafft, ihn hinaufzusteigen, hat einen herrlichen Blick über Frankfurt.

Adresse YuanFa Asia Markt, Fahrgasse 90, 60311 Frankfurt-Altstadt // **ÖPNV** S 1–S 6, S 8, S 9, U 4–U 7, Straßenbahn 11, 12, 18, Bus 30, 36, Haltestelle Konstablerwache und etwa 5 Minuten zu Fuß // **Öffnungszeiten** Mo–Fr 10–19.30 Uhr, Sa 10–19 Uhr // Für Kinder ab vier Jahren.

108_ DER ZAUBERWALD IN BONAMES

Toben und Klettern so was von erlaubt!

Nordpark Bonames? Das ist doch der, der im Sommer immer überfüllt ist! Die Wiesen mit Campingstühlen und Picknickdecken belegt, der vordere Teil an der Homburger Landstraße zugeparkt von Grillgesellschaften. – Ja, das stimmt. Aber: Es gibt ja noch den hinteren Teil. Richtung Nidda-Altarm beginnen für Kids die Abenteuer.

Die Stadt lässt die Gegend mit Absicht verwildern, und Kinder können im jungen Wald toben, wie sie es als Stadtkinder sonst nur aus Bullerbü-Büchern kennen. Mit idealerweise festem Schuhwerk und langen Hosen geht es rein ins Gehege, über Äste hinweg, durch Büsche hindurch, über die Trampelpfade durch den Frankfurter »Dschungel«. Einen besseren Ort, um Verstecken zu spielen, gibt es in der ganzen Stadt nicht! Aber nicht erschrecken: Hier flitzen plötzlich Hasen an einem vorbei, die so groß sind, dass man sie im ersten Moment für ein kleines Reh hält.

Das Toben im Gebüsch ist nicht nur erlaubt, sondern geradezu erwünscht. Auf einem kleinen Schild steht »Naturspielgelände für Kinder zwischen 8 und 14 Jahren« – es ist allerdings so von Bäumen umwachsen, dass es kein Mensch mehr wirklich findet.

Magischer Ort: die kleine, versteckte Brücke über die alte Nidda, die nur wenige dutzend Menschen am Tag finden. Mit Glück erspäht man am Fluss sogar den kleinen blauen Eisvogel. Hier fühlt man sich wie in einem verwunschenen Zauberwald!

Adresse Nordpark Bonames, 60437 Frankfurt-Bonames // **ÖPNV** Bus 27, Haltestelle Bonameser Hainstraße // Für Kinder jeden Alters.

109_DAS ZEBULON

Das einzig wahre Spiel-Café

In 99,9 Prozent aller Fälle sind Cafés schicke Räume für Erwachsene. Kinder kriegen (mit Glück!) eine kleine Spielecke mit ein paar abgegriffenen Büchern und stumpfen Buntstiften zugestanden. Wie schön, dass es im Stadtteil Bockenheim einen Ort gibt, an dem es genau andersherum funktioniert. Im Zebulon spielen Kinder die Hauptrolle, es gibt einen riesigen Spielbereich mit einer superschnellen Rutsche, mit Puppen, Teddys, Xylofonen und etlichen anderen Spielsachen.

Elke Naumann führt das Kindercafé mit den hohen, gelb gestrichenen Wänden seit über 20 Jahren. Während die Kids Trampolin springen oder die Tafel mit Kreide bemalen, bedient sie die Eltern im Raum nebenan mit selbst gemachter Nusstorte oder einem Cappuccino. Im quirligen Café-Bereich (von dem man den Spielbereich die ganze Zeit einsehen kann) finden bis zu 30 Leute Platz, an Sonntagen wird es hier oft voll, für das Frühstück unbedingt telefonisch reservieren. Kindergeburtstage können hier natürlich auch gefeiert werden.

Wer zwischendrin frische Luft schnuppern möchte: Draußen im etwas rumpeligen Hof gibt es einen Fuhrpark aus Fahrrädern, Rollern und Bobbycars. An besonders heißen Sommertagen stellt Chefin Elke ein Planschbecken auf. Die Fahrzeuge und Spielsachen im Zebulon sind nicht neu, viele sind schon mächtig bespielt worden, aber das stört Kinder bekanntlich weniger.

Das Zebulon hat in Frankfurt Kultstatus – ein Besuch hier erinnert an den bei einer netten Tante. Sie stellt für einen kleinen Eintrittspreis das Wohnzimmer zur Verfügung und backt auch noch leckeren Kuchen.

TIPP: Etwa 15 Fußminuten entfernt ist die Bockenheimer Warte, hier gibt es regelmäßig Theatervorführungen für Kinder, zum Beispiel mit dem Wolfhager Figurentheater (www.wolfhager-figurentheater.de).

Adresse Spiel-Café Zebulon, Grempstraße 23, 60487 Frankfurt-Bockenheim // **ÖPNV** U 6, Haltestelle Kirchplatz // **Öffnungszeiten** Mo–Sa 15–18 Uhr, So 9–18 Uhr // Für Kinder von null bis fünf.

110_DER ZELTPLATZ AM SEE

Sonnenuntergang direkt vor der Nase

Der Langener Waldsee, etwa 15 Autominuten von Frankfurt entfernt, ist sowieso schon ein Traum für Kinder: 900 Meter Sandstrand, flach ansteigendes Wasser, mehrere Schwimminseln und ein riesiges Piratenboot als Klettergerüst. Im hinteren Bereich liegt man unter Apfelbäumen, vorbeischwimmende Schwäne und Gänse sorgen für zusätzliche Begeisterung.

Das i-Tüpfelchen eines Besuchs ist jedoch, sein Zelt mitzubringen und über Nacht zu bleiben. Der Campingbereich hat 80 Plätze und liegt direkt am Hang, der zum Wasser führt. So kann man nach einem ausgiebigen Volleyball-Match abends herrlich vor dem Zelt sitzen und das Wasser im Hintergrund glitzern sehen, bis die Sonne dahinter verschwindet. Anschlüsse für Strom und Wasser gibt es nicht, aber das macht es für die Kids noch abenteuerlicher. Tolle Idee auch für Kindergeburtstage!

Einmal im Jahr wird der größte See im Rhein-Main-Gebiet sogar zu einer richtigen Berühmtheit. Im Sommer startet hier der Frankfurter Ironman. Bevor die Triathleten ihren Marathon laufen und 180 Kilometer Rad fahren, müssen sie in Allerherrgottsfrühe in den Langener Waldsee springen und 3,8 Kilometer kraulen, was das Zeug hält.

Wichtig auch für alle Nicht-Triathleten: An heißen Sommertagen wird es nachmittags knackig voll, bis zu 20.000 Menschen aalen sich in der Sonne. Selbst im Radio wird dann durchgesagt, dass alle Parkplätze am Langener Waldsee belegt sind.

Adresse Waldsee Langen, 63225 Langen, www.langen.de/de/strandbad-langener-waldsee.html // ÖPNV Mai – Sept. fährt, abhängig vom Wetter, der Waldseebus OF-65, nähere Infos unter www.kvgof.de // Öffnungszeiten Mai – Sept. täglich 9.30 – 19.30 Uhr // Für alle Altersklassen geeignet.

TIPP: Wenn das Wetter umschlägt: Auf dem Rückweg nach Frankfurt den Umweg über Dietzenbach nehmen. Dort gibt es mit der Spiegelburg einen der tollsten und gepflegtesten Indoor-Spielplätze der Region.

111_ DAS ZUHAUSE DER CITYGHOSTS

Geister-Party auf der Berger Straße

Diese Geister machen Kindern keine Angst – ganz im Gegenteil! Die sogenannten Cityghosts, deren Graffiti im gesamten Stadtgebiet verteilt sind, wirken freundlich, drollig geradezu. Ganz selten ist mal ein fieses Lächeln dazwischen. Manche haben die Form einer Gurke oder einer Birne, andere sehen wie ein lang gezogener Smiley aus.

In der Berger Straße 8 im Frankfurter Nordend haben die Cityghosts ihr Zuhause. An der Häuserfassade tummeln sich zahlreiche blaue und rosafarbene Kreaturen. Das Haus steht schon seit Jahren leer, für ein Kulturfestival im Jahr 2012 wurde ihm noch einmal Leben eingehaucht und die Fassade mit den fröhlichen Grusel-Gestalten angesprayt. Kinder lieben es, sich diese Geister-Party aus der Nähe anzuschauen.

Der Erfinder der Cityghosts war früher illegal unterwegs, inzwischen sprayt er nur noch da, wo es erlaubt und gewollt ist. Jedoch hat er im Laufe der Zeit zahlreiche Nachahmer gefunden – darum sehen die Geister auch häufig so unterschiedlich aus.

Was sie alle gemein haben: Sie sind da zu finden, wo es in Frankfurt normalerweise nicht so schön ist. Auf öffentlichen Mülleimern, Straßenlaternen, Wänden und sogar Satellitenschüsseln. So prangt zum Beispiel ein großer grüner Cityghost an einem Brückenpfeiler in Frankfurt-Bockenheim, ein schillernd gelber sitzt auf einem Stromkasten in Sachsenhausen. Wer einmal für die Frankfurter Stadtgeister sensibilisiert ist, sieht sie plötzlich überall. Das macht Spaß!

TIPP: Fünf Minuten entfernt ist das Eisgeschäft »Kleine Schnecke« – hier sind die Eiswaffeln superlang, und es gibt sogar Zuckerwatte.

Adresse Berger Straße 8, 60316 Frankfurt-Nordend // **ÖPNV** U 4, U 5, Haltestelle Merianplatz // **Öffnungszeiten** nur von außen zu besichtigen // Für alle Altersklassen geeignet.

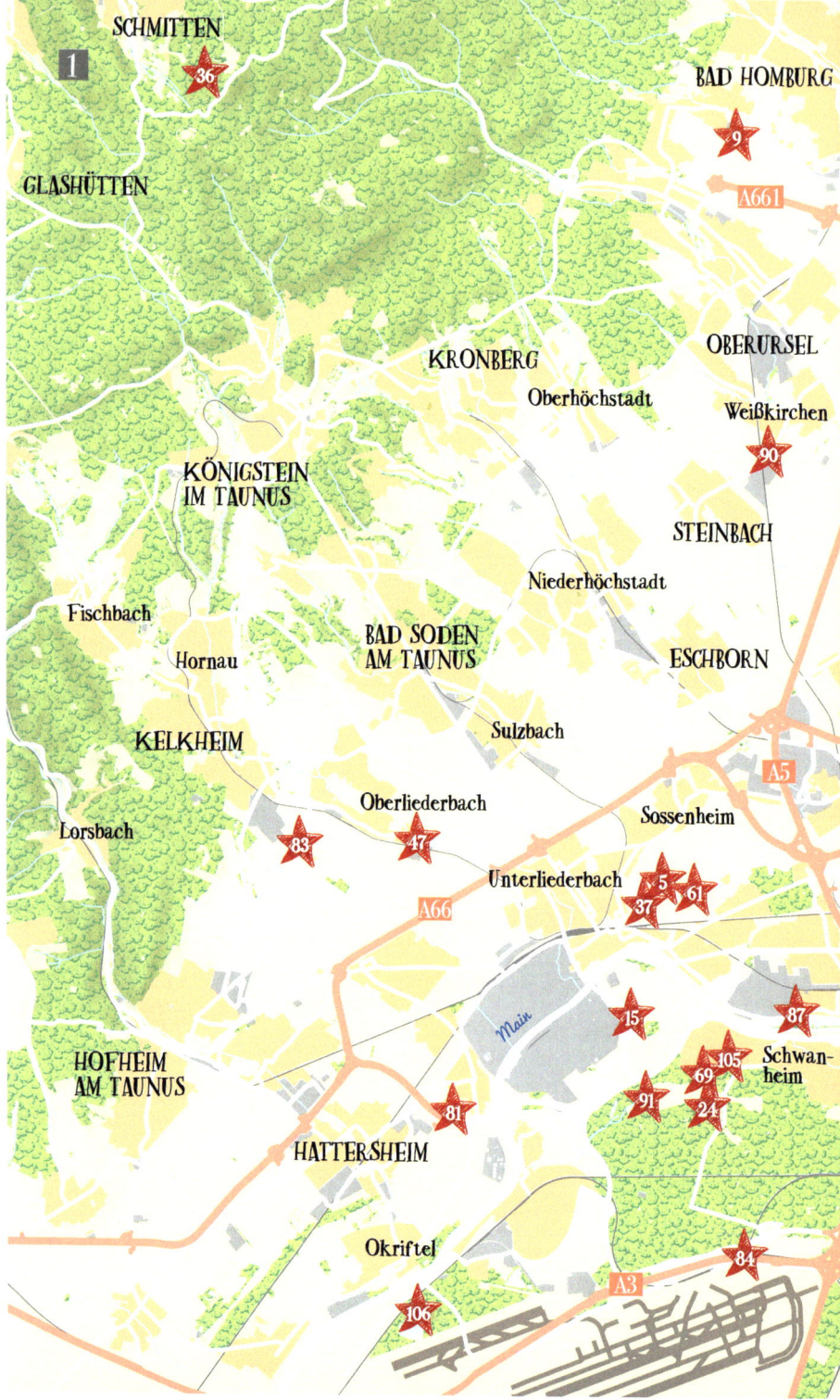

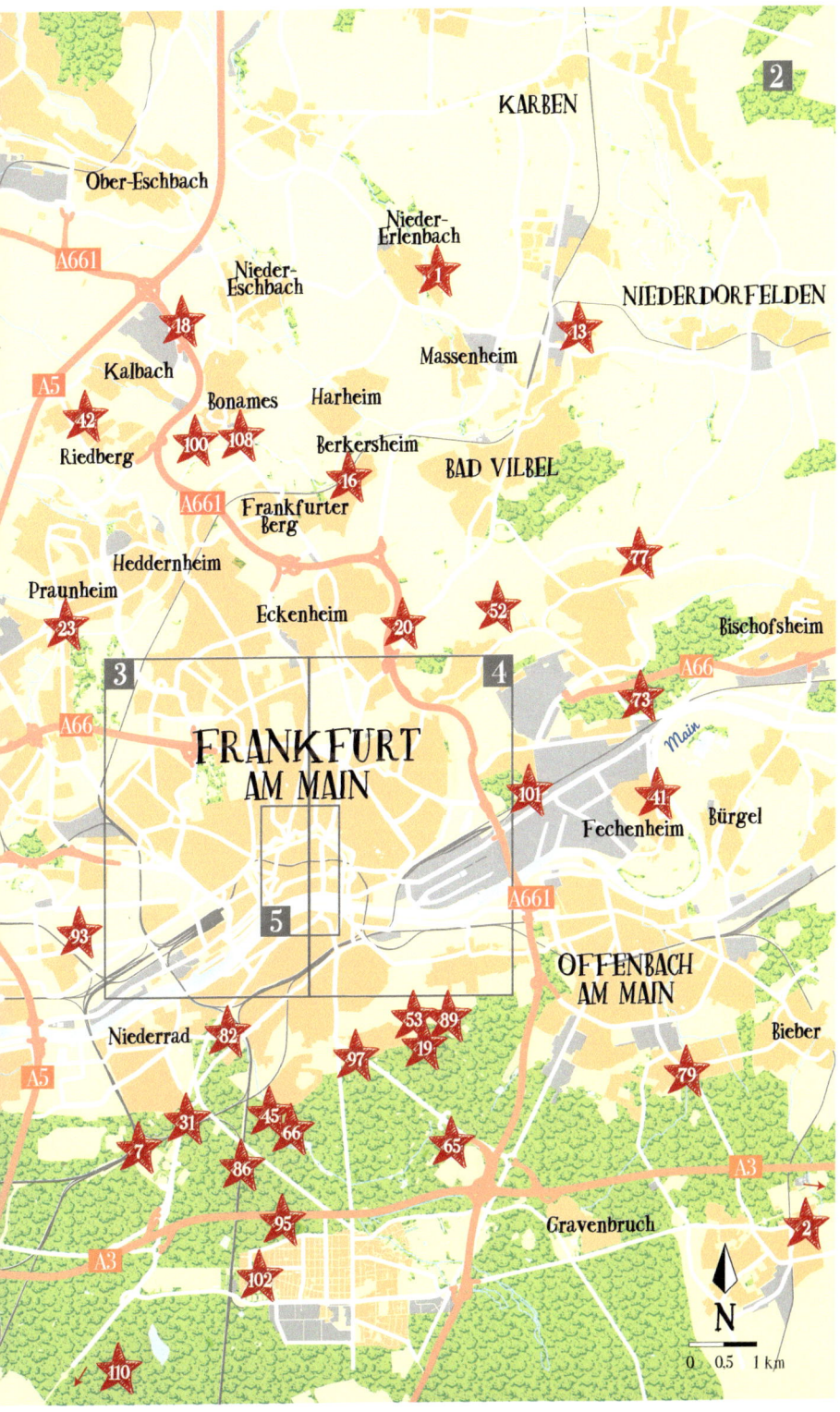

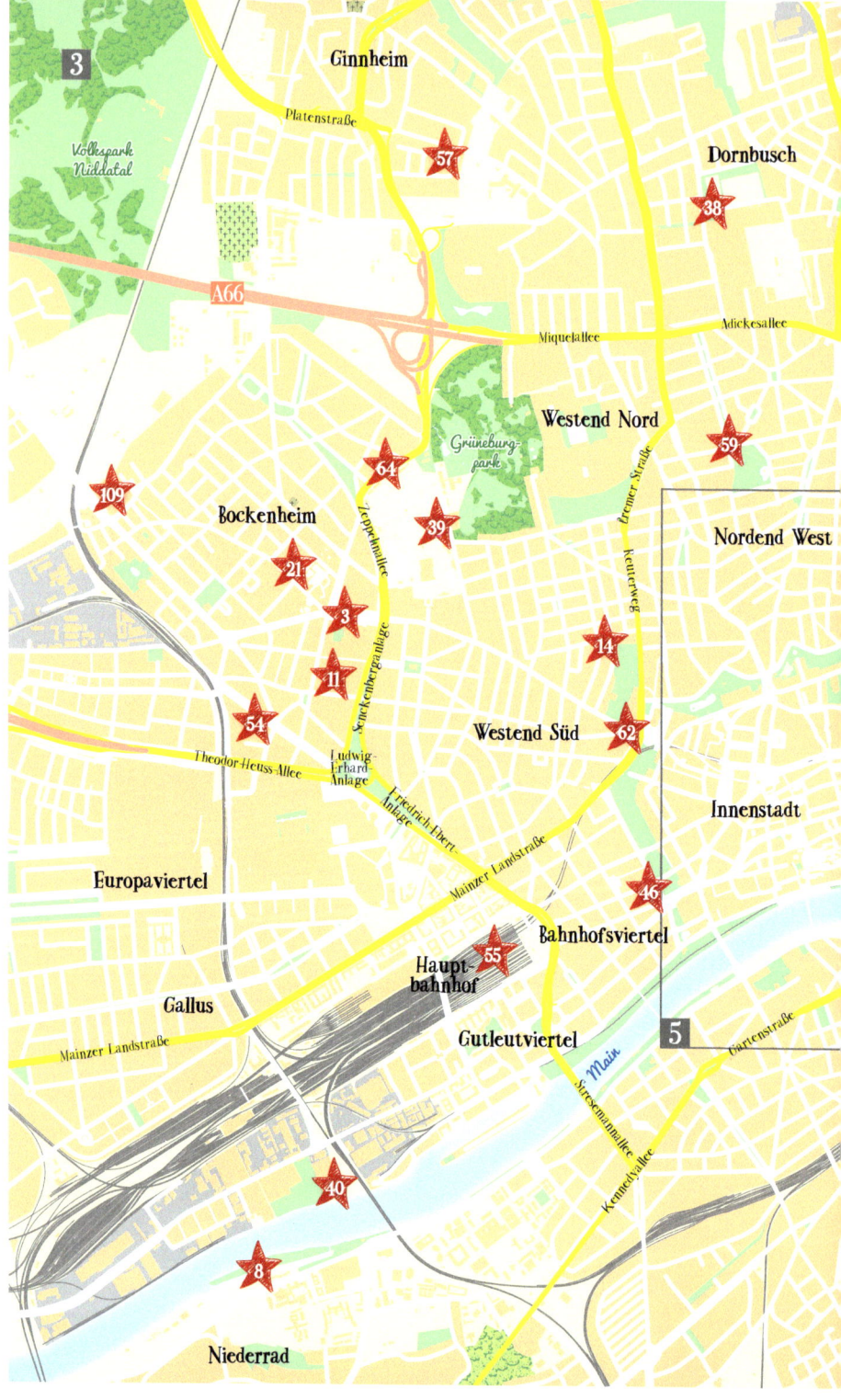

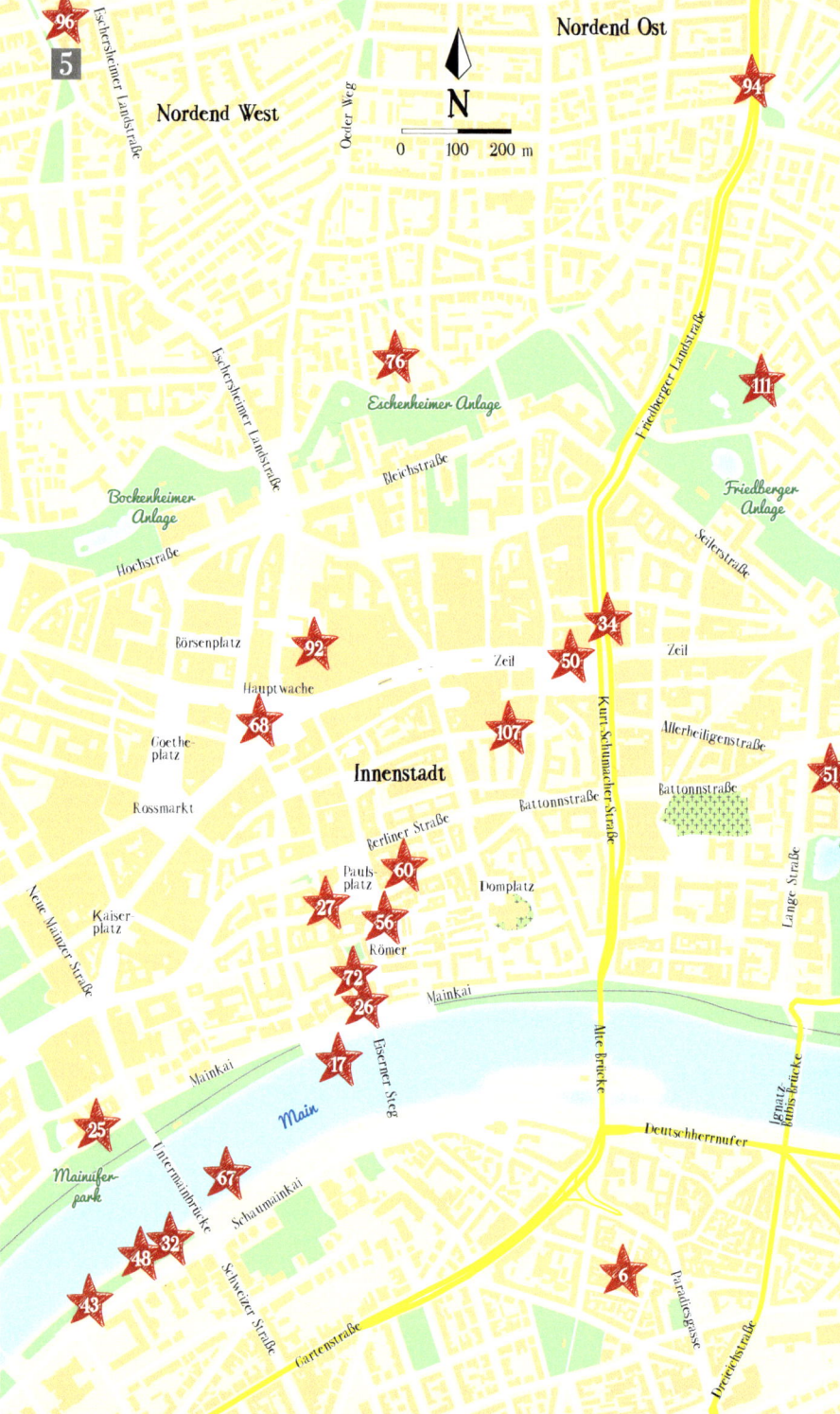

RHEIN-MAIN-VERKEHRSVERBUND

Sicher und bequem hin und zurück.
Mit Bus & Bahn rein ins Vergnügen!

Mit dem RMV zu den schönsten Freizeitzielen der Region.

ZUM SCHLUSS EIN DICKES DANKESCHÖN

Ich kann es nicht glauben – ich habe es geschafft. Das Buch, an dem ich über ein Jahr gearbeitet habe, ist fertig. Ich habe drei Kinder und bin als Moderatorin beim Hessischen Rundfunk berufstätig. Sprich: Selbst wenn jeder Tag 25 Stunden hätte, hätte ich dieses Buch allein niemals gepackt. Daher möchte ich an dieser Stelle Danke sagen, an alle meine grandiosen Unterstützer*innen:

Ich danke Leon, Romy, Charly, Simon, Lisa, Maja, Linus, Jannick, Martin, Lauand, Loraine, Stella, Elsa, Chloé, Lilli, Kawa, Jamil, Adrian, Margherita, Timon, Mats, Eva Lotte, Manessa, Laskin und den vielen anderen Kindern, die ich für dieses Buch fotografieren durfte. Ihr habt das super gemacht!

Danke auch an die Mamas und Papas, die das möglich gemacht haben: Kaddi, Silke, Claudia, Kathrin, Sandra, Catherine, Ahmad, Björn, Caro, Giuliana, Vera, Kerstin, Katja und so weiter.

Danke an meine Schwester Anni, die mir jede Beobachtung bei ihren Radtouren durch Frankfurt, jeden potenziellen Kinder-Ort sofort per WhatsApp geschickt hat und die mir in der Schreibphase dieses Buches ihre Wohnung zur Verfügung gestellt hat (zu Hause kommt man als Mama ja zu nix!).

Danke an meine Eltern, in deren Wohnung in Kiel ich ebenfalls schreiben durfte und die mich mit ganz viel leckerem Kaffee versorgt haben.

Danke an die aktiven Papas Tobias, Gunnar und Helmer, die mich immer wieder mit den Lieblingsorten ihrer Kinder gefüttert haben.

Danke an die tollste und beste Tagesmutter der Welt, unsere Laki, die immer dann auf meine kleinste Tochter aufgepasst hat, wenn ich am Schreiben oder Fotografieren war.

Danke an den Kindergarten Sankt Wendel – dort werden meine beiden großen Kinder betreut.

Danke an Nicole, das beste und fröhlichste Au-Pair-Mädchen der Welt, das alle Betreuungs-Randzeiten übernommen hat.

Ein riesengroßes und von tiefstem Herzen kommendes Dankeschön geht an meine eigene Familie. An meine Kinder, die ich an fast jeden Ort mitgenommen habe – und die bei vielen gern noch länger geblieben wären. Mama Julia hatte jedoch einen durchgetakteten Zeitplan, der nächste Fototermin stand an, und so musste ich sie schneller von den Kinder-Orten trennen, als ihnen lieb war. Danke für eure Geduld! Ich danke meinem sensationellen Mann Richi, der mich bei diesem Buch in jeglicher Hinsicht unterstützt hat, der mich motiviert hat, wenn ich dachte, dass mir die Zeit wegläuft, und der nur ganz wenig genervt war, wenn ich bei unseren Familien-Trips ausschließlich ans Buch gedacht habe. Entspannte Wochenendausflüge gab es im vergangenen Jahr kaum – ich verfiel sofort in den Recherchemodus, und oftmals hatte ich auch noch »ganz zufällig« meine gute Kamera dabei …

 Alles für dieses Buch.
Ich danke euch!

Die Autorin

Julia Tzschätzsch ist Radio- und Fernsehmoderatorin beim Hessischen Rundfunk. Sie lebt mit ihrem Mann und ihren drei Kindern in Frankfurt am Main. Über ihr Leben zwischen Mikrofon und Mama-Sein berichtet sie auf ihrem Blog www.frankfurtmuddis.com.